科学奥妙无穷 ▶

# 棋奕人生

杨莹 编著

北方妇女儿童出版社

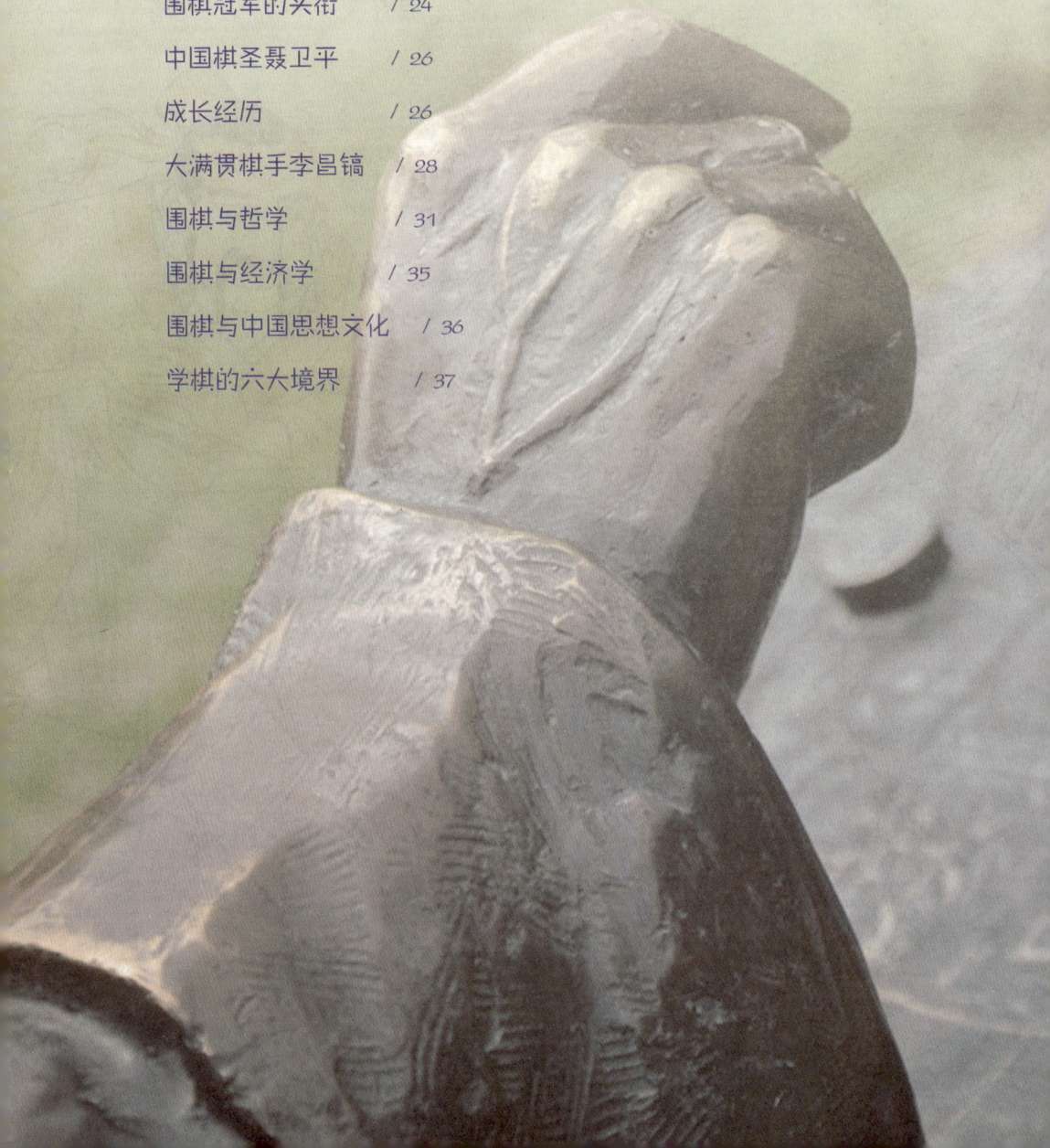

# 目录

# 目录

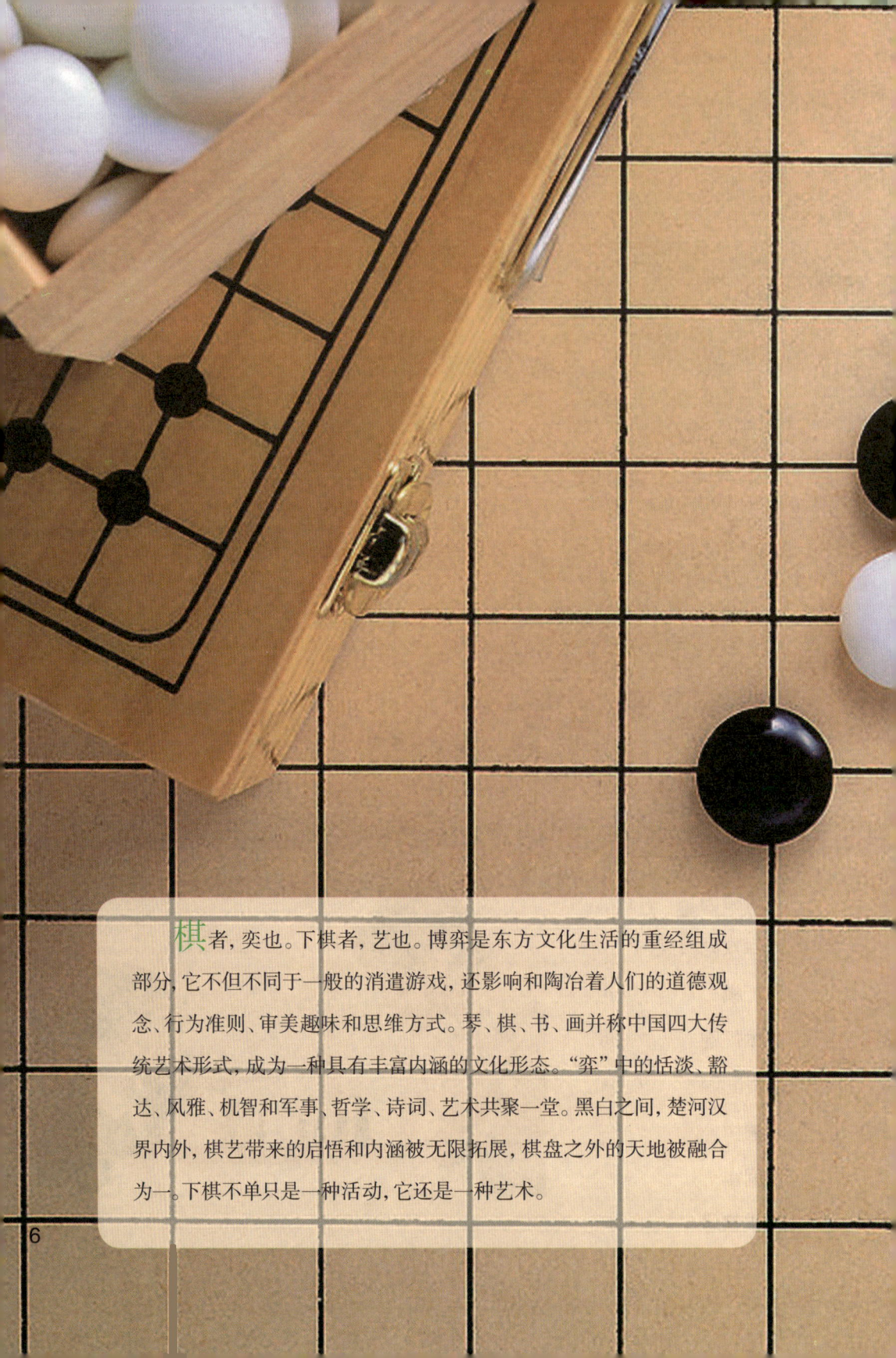

棋者, 奕也。下棋者, 艺也。博弈是东方文化生活的重经组成部分, 它不但不同于一般的消遣游戏, 还影响和陶冶着人们的道德观念、行为准则、审美趣味和思维方式。琴、棋、书、画并称中国四大传统艺术形式, 成为一种具有丰富内涵的文化形态。"弈"中的恬淡、豁达、风雅、机智和军事、哲学、诗词、艺术共聚一堂。黑白之间, 楚河汉界内外, 棋艺带来的启悟和内涵被无限拓展, 棋盘之外的天地被融合为一。下棋不单只是一种活动, 它还是一种艺术。

# 最复杂的国粹——围棋

围棋起源于中国古代，推测起源时间为大约公元前6世纪。是一种策略性两人棋类游戏（也有联棋或团队对战模式，有两人对两人、一人对多人、多人对多人等形式），使用格状棋盘及黑白二色棋子进行对弈。围棋是汉民族传统文化中的瑰宝，体现了汉民族对智慧的追求，古人常以"琴棋书画"论及个人的才华和修养，其中的"棋"指的就是围棋。为人们形象比喻为黑白世界的围棋，是我国古人喜爱的娱乐竞技活动，同时也是人类历史上最悠久的棋戏。由于围棋将科学、艺术和竞技三者融为一体，有发展智力、培养意志品质和机动灵活的战略战术思想意识的特点，因而，几千年来长盛不衰，逐渐地发展成了一种国际性的文化竞技活动。围棋在很大程度上反映了中国传统思想文化的精髓，是在中国发展最广的艺术，是中国的国粹，也被认为是世界上最复杂的游戏之一。

中日韩是现今围棋的三大支柱，日本围棋逐步衰弱，形成了中韩争霸的局面。

## 棋具 〉

棋子：围棋子分为黑白两色，黑子181个，白子180个。棋子呈圆形。中国一般使用一面平、一面凸的棋子，日本则常用两面凸的棋子。中国云南所产的"云子"为历来的弈者所青睐，迄今已有500余年的历史。较为珍贵的棋子材料有贝壳、玛瑙等。

棋盘：围棋盘由19条横线19条竖线组成，棋子要下在线的交叉点上，方格中不能放入棋子。为了便于识别棋子的位置，棋盘上划了九个点，术语称做"星"，中央的星点又称为"天元"；下让子棋时所让之子要放在星上。棋盘可分为"角"、"边"以及"中腹"。而现今的棋盘则有19×19、13×13、9×9，较为普遍，另外还有一些是较罕见的15×15、17×17。

棋钟：正式的比赛中可以使用棋钟对选手的时间进行限制。非正式的对局中一般不使用棋钟。

# 围棋起源与发展 〉

## • 尧造围棋以教丹朱

相传，上古时期尧都平阳，平息协和各部落方国以后，农耕生产和人民生活呈现出一派繁荣兴旺的景象。但有一件事情却让尧帝很忧虑，散宜氏所生子丹朱虽长大成人，十几岁了却不务正业，游手好闲，聚朋嚣讼斗狠，经常招惹祸端。大禹治平洪水不久，丹朱坐上木船让人推着在汾河西岸的湖泊里荡来荡去，高兴地连饭也顾不上吃了，家也不回了，母亲的话也不听了。散宜氏对帝尧说："尧啊，你只顾忙于处理百姓大事，儿子丹朱越来越不像话了，你也不管管，以后怎么能替你干大事呀！"尧帝沉默良久，心想：要使丹朱归善，必先稳其性，娱其心，教他学会几样本领才行。便对散宜氏说："你让人把丹朱找回来，再让他带上弓箭到平山顶上去等我。"

这时丹朱正在汾河滩和一群人戏水，忽见父亲的几个卫士，不容分说，强拉扯着他上了平山，把弓箭塞到他手里，对他说："你父亲和母亲叫你来山上打猎，你可得给父母装人啊。"丹朱心想：射箭的本领我又没学会，咋打猎呢？丹朱看山上荆棘满坡，望天空白云朵朵，丹朱眨了眨眼睛，说："兔子跑得快，鸟儿飞得高，这山上无兔子，天上无飞鸟，叫我打啥哩。天下百姓都听你的话，土地山河也治理好了，哪用儿子再替父亲操心呀。"尧帝一听丹朱说出如此不思上进、无心治业的话，叹了一口气说："你不愿学打猎，就学行兵征战的石子棋吧，石子棋学会了，用处也大着哩。"丹朱听父帝不叫他打猎，改学下石子棋，心里稍有转意，"下石子棋还不容易吗？坐下一会儿就学会了。"丹朱扔掉了箭，要父亲立即教他。尧帝说："哪有一朝一夕就能学会的东西，你只要肯学就行。"说着拾起箭来，蹲下身，用箭头在一块平坡山石上用力刻画了纵横十几道方格子，让卫士们捡来一大堆山石子，又分给丹朱一半，手把着手地将自己在率领部落征战过程中如何利用石子表示前进后退的作战谋略传授讲解给丹朱。丹朱此时倒也听得进去，显得有了耐心。直至太阳要落山的时候，尧帝教子下棋还是那样的尽心尽力。在卫士们的催促下，父子们才下了平山，在乎水泉里洗了把脸，回到平阳都城。

此后一段时日，丹朱学棋很专心，也不到外边游逛，散宜氏心里踏实些。尧帝对散宜氏说："石子棋包含着很深的治理百姓、军队、山河的道理，丹朱如果真的回心转意，明白了这些道理，接替我的帝位，是自然的事情啊。"谁料，丹朱棋还没学深学透，却听信先前那帮人的坏话，觉得下棋太束缚人，一点自由也没有，还得费脑子，犯以前的老毛病，终日朋淫生非，甚至想用诡计夺取父帝的位置，散宜氏痛心不已，大病一场，怏怏而终。尧帝也十分伤心，把丹朱迁送到南方，再也不想看到丹朱，还把帝位禅让给经过他 3 年严格考查认为不但有德且有智有才的虞舜。虞舜也学尧帝的样子，用石子棋教子商均。以后的陶器上便产生围棋方格的图形，史书便有"尧造围棋，以教丹朱"的记载。今龙祠乡晋掌村西山便有棋盘岭围棋石刻图形遗迹。

• **春秋战国时期**

围棋已在社会广泛流传了。《左传·襄公二十五年》曾记载了这样一件事，公元前 559 年，卫国的国君献公被卫国大夫宁殖等人驱逐出国。后来，宁殖的儿子又答应把卫献公迎回来。孙文子批评道："宁氏要有灾祸了，弈者举棋不定，不胜其耦，

而况置君而弗定乎？"用"举棋不定"这类围棋中的术语来比喻政治上的优柔寡断，说明围棋活动在当时社会上已经成为人们习见的事物。

• **秦汉三国时期**

秦灭六国一统天下，有关围棋的活动鲜有记载。《西京杂记》卷三曾有西汉初年"杜陵杜夫子善弈棋，为天下第一人"的记述，但这类记载亦是寥如星辰，表明当时围棋的发展仍比较缓慢。到东汉初年，社会上还是"博行于世而弈独绝"的状况。直至东汉中晚期，围棋活动才又渐盛行。

1952 年，考古工作者于河北望都一号东汉墓中发现了一件石质围棋盘，此棋盘呈正方形，盘下有四足，盘面纵横各 17 道，为汉魏时期围棋盘的形制提供了形象的实物资料。与汉魏间几百年频繁的战争相联系，围棋之战也成为培养军人才能的重要工具。东汉的马融在《围棋赋》中就将围棋视为小战场，把下围棋当作用兵作战，"三尺之局兮，为战斗场；陈聚士卒兮，两敌相当。"当时许多著名军事家，像三国时的曹操、孙策、陆逊等都是疆场和棋枰这样大小两个战场上的佼佼者。著名的"建安七子"之一——王粲，除了以诗赋名著于世外，同时又是一个围棋专家。据说他有着惊人的记忆力，对围棋之盘式、着法等了然于胸，能将观过的"局坏"之棋，重新摆出而不错一子。

我国围棋之制在历史上曾发生过两次

重要变化，主要是在于局道的增多。魏晋前后，是第一次发生重要变化的时期。魏邯郸淳的《艺经》上说，魏晋及其以前的"棋局纵横十七道，合二百八十九道，白、黑棋子各一百五十枚"。这与前面所介绍的河北望都发现的东汉围棋局的局制完全相同。但是，在甘肃敦煌莫高窟石室发现的南北朝时期的《棋经》却载明当时的围棋棋局是"三百六十一道，仿周天之度数。"表明这时已流行19道的围棋了。这与棋局形制完全相同，反映出当时的围棋已初步具备现行围棋定制。

### · 南北朝时期

由于南北朝时期玄学的兴起，导致文人学士以尚清谈为荣，因而弈风更盛，下围棋被称为"手谈"。上层统治者也无不雅好弈棋，他们以棋设官，建立"棋品"制度，对有一定水平的"棋士"，授予与棋艺相当的"品格"（等级）。当时的棋艺分为九品，《南史·柳恽传》载："梁武帝好弈，使恽品定棋谱，登格者二百七十八人"，可见棋类活动之普遍。日本围棋分为"九段"即源于此。

### · 隋时期

由19道棋盘代替了过去的17道棋盘，从此19道棋盘成为主流。而随着隋帝国对外的政策，高句丽、新罗、百济把围棋带到了朝鲜半岛，遣隋使把围棋带到了日

14

本国。

## • 唐宋元时期

唐宋时期，可以视为围棋游艺在历史上发生的第二次重大变化时期。由于帝王们的喜爱以及其他种种原因，围棋得到长足的发展，对弈之风遍及全国。这时的围棋已不仅在于它的军事价值，而主要在于陶冶情操、愉悦身心、增长智慧。弈棋与弹琴、写诗、绘画被人们引为风雅之事，成为男女老少皆宜的游艺娱乐项目。

在新疆吐鲁番阿斯塔那第 187 号唐墓中出土的《仕女弈棋图》绢画，就是当时贵族妇女对弈围棋情形的形象描绘。当时的棋局已以 19 道作为主要形制，围棋子已由过去的方形改为圆形。1959 年河南安阳隋代张盛墓出土的瓷质围棋盘，唐代赠送日本天皇、现藏日本正仓院的象牙镶嵌木质围棋盘，皆为纵横各 19 道。中国体育博物馆藏唐代黑白圆形围棋子，淮安宋代杨公佐墓出土的 50 枚黑白圆形棋子等，都反映了这一时期围棋的变化和发展。唐代"棋待诏"制度的实行，是中国围棋发展史上的一个新标志。所谓棋待诏，就是唐翰林院中专门陪同皇帝下棋的专业棋手。当时供奉内廷的棋待诏都是从众多的棋手中经严格考核后入选的。他们都具有第一流的棋艺，故有"国手"之称。唐代著名的棋待诏，有唐玄宗时的王积薪、唐德宗时的王叔文、唐宣宗时的顾师言及唐僖宗时的滑能等。由于棋待诏制度的实行，扩大了围棋的影响，也提高了棋手的社会地位。这种制度从唐初至南宋延续了 500 余年，对中国围棋的发展起了很大的推动作用。

从唐代始，昌盛的围棋随着中外文化的交流，逐渐越出国门。首先是日本，遣唐使团将围棋带回，围棋很快在日本流传。不但涌现了许多围棋名手，而且对棋子、棋局的制作也非常考究。如唐宣宗大中二年（848 年）来唐入贡的日本国王子所带的棋局就是用"揪玉"琢之而成的，而棋子则是用集真岛上手谈池中的"玉子"做成的。除了日本，朝鲜半岛上的百济、高丽、新罗也同中国有来往，特别是新罗多次向唐派遣使者，而围棋的交流更是常见之事。《新唐书·东夷传》中就记述了唐代围棋高手杨季鹰与新罗的棋手对弈的情形，说明

15

当时新罗的围棋也已具有一定的水平。

### • 明清时期

　　明清两代，棋艺水平得到了迅速的提高。其表现之一，就是流派纷起。明代正德、嘉靖年间，形成了三个著名的围棋流派：一是以鲍一中（永嘉人）为冠，李冲、周源、徐希圣附之的永嘉派；一是以程汝亮（新安人）为冠，汪曙、方子谦附之的新安派；一是以颜伦、李釜（北京人）为冠的京师派。这三派风格各异，布局攻守侧重不同，但皆为当时名手。在他们的带动下，长期为士大夫垄断的围棋，开始在市民阶层中发展起来，并涌现出了一批"里巷小人"的棋手。他们通过频繁的民间比赛活动，使得围棋游艺更进一步得到了普及。随着围棋游艺活动的兴盛，一些民间棋艺家编撰的围棋谱也大量涌现，如《适情录》《石室仙机》《三才图会棋谱》《仙机武库》及《弈史》《弈问》等20余种明版本围棋谱，都是现存的颇有价值的著述，从中可以窥见当时围棋技艺及理论高度发展的情况。

满族统治者对汉族文化的吸收与提倡，也使围棋游艺活动在清代得到了高度发展，名手辈出，棋苑空前繁盛。清初，已有一批名手，以过柏龄、盛大有、吴瑞澄诸为最。尤其是过柏龄所著《四子谱》二卷，变化明代旧谱之着法，详加推阐以尽其意，成为杰作。清康熙末到嘉庆初，弈学更盛，棋坛涌现出了一大批名家。其中梁魏今、程兰如、范西屏、施襄夏四人被称为"四大家"。四人中，梁魏今之棋风奇巧多变，使其后的施襄夏和范西屏受益良多。施、范二人皆浙江海宁人，并同于少年成名，人称"海昌二妙"。据说在施襄夏30岁、范西屏31岁时，二人对弈于当湖，经过10局交战，胜负相当。"当湖十局"下得惊心动魄，成为流传千古的精妙之作。

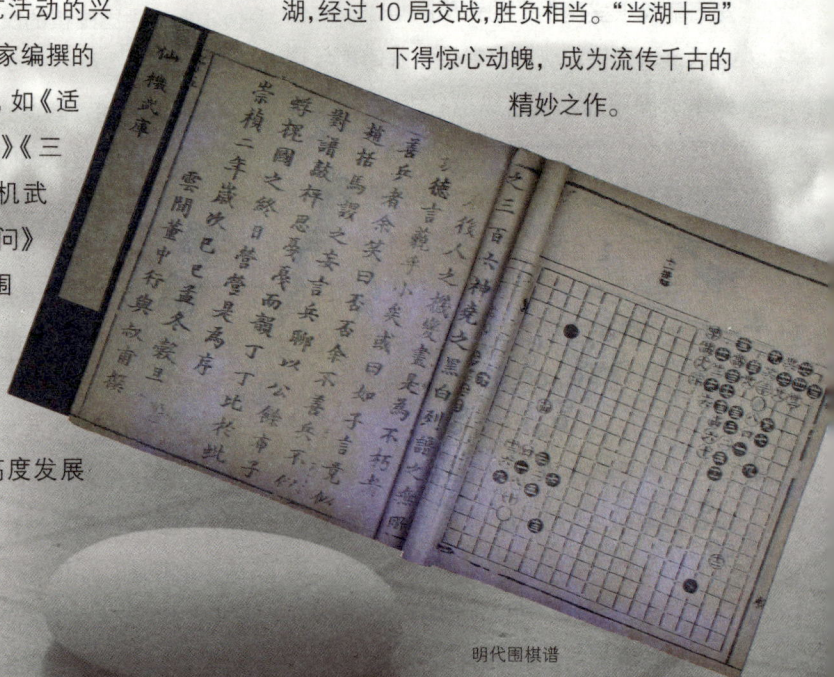

明代围棋谱

## ● 近现代

到了近代，围棋在日本蓬勃发展，中国的围棋逐渐被日本赶超，清朝后期，中国棋手和日本棋手之间已经有一定的差距。新中国成立后，陈毅元帅也是一个围棋爱好者，大力发展中国的围棋事业，新一代的围棋国手在新中国成长起来。代表人物有陈祖德、聂卫平、马晓春、常昊等。20 世纪 80 年代中后期，聂卫平在中日擂台赛中创造了 8 场不败的纪录，取得了前 3 届中日擂台赛的胜利，也在神州大地掀起了新的围棋学习的热潮。

围棋主要呈现中、韩、日三国鼎立的局面。日本由于固步自封，在世界大赛中战绩不佳，因此多呈现中、韩对抗的局面。

## 围棋术语 >

### • 尖

在己方原有棋子的斜上或斜下一路处行棋称为"尖"。由于尖的步调较小，人们也习惯地称它为"小尖"。在实战中，尖是一种很坚实的下法，通常它的棋形不会太坏。

### • 长与立

"长"是指紧靠着自己在棋盘上已有棋子继续向前延伸行棋。"长"一般用于与对方接触交战的时候，便于将己方的子连成一片，更好地攻击对方。

"立"与"长"有着微妙的差别，"立"主要指向紧靠着自己原有的棋盘上的棋子方向向下或向边线方向的行棋。在有些时候，一着棋既可以说它是"长"，也可以说它是"立"，"立"与"长"都有一定的相对性。

### • 挡

"挡"的意思也就是直接阻挡对方侵入自己的地域或防止对方棋子冲出包围时，用己方棋子紧靠住对方的棋子的行棋方法。

挡的作用也就是含义中所说的两点，一是阻止对方破自己的空，二是防止己方包围住的对方棋子冲出。

术语"挡"是维护己方利益时常见的一种手段。初学者掌握之后，可在护空、吃棋方面有很大的提高。

### • 并

"并"就是在棋盘上原有的棋子旁边的一线路上紧挨着下子。"并"可以在与敌子相接触时下子。一般用于加强自己或连接时。

### • 顶

"顶"就是顶撞对方的棋子的着法，换一种说法就是在对方棋子行棋方向的棋子的头上下子。

顶的特点是结实、厚重，具有先手意义。顶的形式很多，有尖顶、鼻顶等。在方形棋子正前方的顶一般叫作鼻顶，鼻顶多是利用对方棋形笨拙、凝重才施展的，它比一般的顶更具威力。

## • 爬

"爬"的意思是指一方的棋子在对方的压迫下，沿着边上低位，也就是一线或二线的位置上长。爬可以用于做活、联络、占地、搜根等。由于爬的条件限制在低位，所以在做活中很常用。在复杂的攻击战斗中，简单的爬也起很大的作用，它由于位置低，所以很适应搜取对方的根据地。

## • 关

"关"是指与自己在棋盘上的原有棋子隔一路行棋。

## • 冲

"冲"这个术语是指紧靠着自己在棋盘上原有的棋子向对方的"关"形中间的空交叉点处行棋，这就叫"冲"。"冲"经常是运用自己强的一面去阻击对方，将对方的棋分成两块，以利于寻找机会消灭对方。

## • 跳

跳的形状与"关"形是相同的，都是在与原有棋子隔一路的位置上行棋。但一般情况下所说的关是含有向宽阔地带或中腹扩展的意味，而"跳"则一般用于双方对局彼此接触交战的时候，为逃出己方的孤子或者追杀对方薄弱的棋最常用到它。

## • 飞

飞也叫"小飞"，是指在原有棋子的呈"日"字形的对角交叉点处行棋。飞的形式还有"大飞"。它是指在原有棋子的呈"目"字形的对角交叉点处行棋。"飞"最特殊的形式是"象步飞"。"象步飞"的形状很象中国象棋中"象"的走法，因此而得名。"象步飞"是在原有棋子的呈"田"字形状的对角空交叉点处行棋。比大飞还隔一路的就是超大飞，甚至还有超超大飞的下法。

• 镇

镇是一方的棋子行在另一方向中腹关起的位置，这手棋叫"镇"。

• 挂

"挂"也称挂角，是布局常用的行棋方法。挂就是在布局时，一方已有一子占角的情况下，另一方在其附近相差一两路的位置上行棋，挂是为破坏对方完全占有角部而与对方分占角部的主要行棋方法。在三线上行棋的挂，叫"低挂"，在四线上行棋的挂，一般叫"高挂"。高挂、低挂、再按横向区分可分为一间高挂、二间高挂、一间低挂、二间低挂、小飞挂、大飞挂等。

• 夹

"夹"是对局的一方用两子将另一方的棋子夹在中间的行棋方法。还有一种"夹"叫"反夹"，是指当一方棋子被另一方夹住时，被夹的一方从对方棋的另一侧再夹对方一手棋。

• 断

"断"也可称"切断"，是直接切开对方棋与棋之间的联络，使对方的棋分散开的行棋方法。

• 跨

"跨"是对局的一方在有周围棋子援助的情况下，将己方的棋插到对方小飞的棋形中。跨有时用于切断对方联络，所以有"跨断"的用语，但这并不是绝对的，"跨"

有时也是仅仅为了行棋的需要，根据情况而定的。

• 空

"空"是指围成的地域。

• 虎

"虎"的基本意思也就是说，在原来棋盘上呈尖形二子△点的基础上，再下一着，使之构成"品"字形状。虎，还包含有虎口、双虎等术语。虎口就是虎形的三子由三面围拢中的空着的那个交叉点，虎口朝上方也就是朝中央则叫上虎，虎口朝下，确切地说朝边角则叫下虎。

双虎，就是由三个棋子构成两个断点，三子呈连续小尖状（△），使其下一着棋可同时形成两个虎口。

了解虎的含义和虎的几种形式之后，应再了解虎的作用和在对局中什么时候需要虎。虎是用来使棋盘上己方的棋子联络，也是为了防止对方的棋子切断己方联络的

手段，有时也作用在活棋中，由于虎状的棋子弹性丰富，适用于做眼，所以在活棋中经常被采用。

虎在对局中既可联络、防断，又可以用来活棋，所以掌握虎这个基本手断，就可以在对局中化险为夷了。

### • 挤

"挤"是从原来就有的己方棋子出发，继续向敌子集中的地方插进去，使对方原本连结的棋形出现断点或别的毛病，也就是促使对方补棋，有先手的意思。也可能是空挤，可能挤在敌人尖之处。

### • 拆

"拆"就是以棋盘原有的己方棋子为参照，在三线或四线上向左或向右间隔若干路开拆一着。

拆子的距离间隔一路为拆一，间隔二路为拆二，间隔三路为拆三。拆常常用于扩张地域或谋得己方根据地，也有时用在扩大地域、求己方根据地和搜取对方根据地时同用。这时拆便发挥出了最大的潜力。拆在布局、做活中很常用，初学者在对局中如能好好运用这一手段，就会多占便宜。

### • 逼

"逼"的基本意思是对敌方构成威胁的着法，与"攻"相近，大多数用于夺取对方做活的根据地。它需要以自己的棋子为背景。还有的是为了拦住对方扩大地域，并也对对方构成威胁。逼这一手段，多在布局中使用，如掌握得好，在布局中可占主动。

### • 封

"封"是指封锁敌方棋子向外部发展的着法。它的功能是防止对方棋子向中央发展，和"镇"相似。"封"还可以说是封锁住对方棋子的出路。在攻击中常用。封在对局中的作用很大，有利于形成自己的势力，可以用于攻击、吃棋、阻止对方发展。如能最大效率地运用封这一手段，可以在中盘、布局时下得得心应手。

### • 点

狭义的点简单地解释为下一着棋可破坏对方眼位，广义的点范围很广，在对局中有如下几种形式：可以用来窥视对方的

断点或"薄弱环节",以达到借机促使对方棋形尽早固定,以免将来多变的作用。在对方阵势中,作试探。侵略对方的阵地,从深处入手,非常严厉。点还有一种说法是指棋盘上的具体交叉点。如:好点、要点等。

• 腾挪

腾挪就是在对方棋子多、强的时候用的手筋,可用靠、挤、断等连续招法,使自己的棋子有生根之地。

• 星

星就是棋盘上加粗的交叉点,有时专指角上的。

• 品

指围棋比赛后分的等级。我国古代分为九等,称为"九品"。从一到九的名称是:入神、坐照、具体、通幽、用智、小巧、斗力、若愚、守拙。分为"段"。

• 定式

古今中外的棋手,经过多次对弈实践,对于角上着子,逐渐形成的一些被公认比较妥善的程式,即通常所说的"起手式"。

• 布局

棋局一开始,双方抢占要点,布置阵势,准备进入中盘战斗,这一阶段叫布局。

• 先手

为了争取主动,取得胜利,每下一子,使对方必应,这叫先手。有时为了争取先手,甚至不惜付出相当大的代价。

• 做眼

也叫"做活"。自己的一群棋子被对方包围,必须做成两个"眼"才免于被吃成死棋。这种"眼"是对方不可下子的空格。

• 官子

也叫"收官"。就是一局棋的最后阶段,经过中盘战斗,双方领地大体确定,尚有部分空位可以下子,这时称为"收官"。

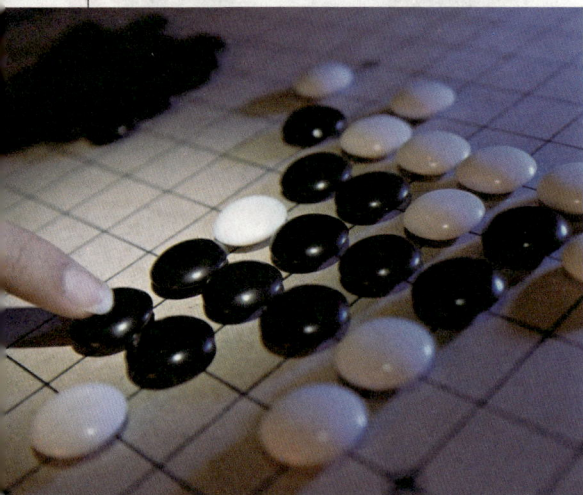

## 级位和段位 >

棋手围棋水平的高低用段位和级位来区分，从低到高分别为：业余级位、业余段位、职业段位。

### • 业余级位设置

2005 年 7 月 1 日生效的《中国围棋业余段位级位制》中第四条有：业余段位下设级位，级位可分为 1 级、2 级至 25 级，1 级最高。但级位证书只印制 1 级、2 级、5 级、10 级、15 级、20 级、25 级等共七个等级。

上海的级位从低至高依次为：无级组、10 级组、9 级组、8 级组、7 级组、6 级组、5 级组、4 级组、3 级组、2 级组、1 级组共 11 个级别。在升级分级比赛时，则分为无级组、10 级到 8 级组、7 级到 3 级组、2 级组、1 级组，根据所胜盘数决定是否升级或者跳级。1 级以上则是段位。

北京同样分为 11 个级别，在升级分级比赛时，分为 10 级、5 级、2 级、1 级组，根据所胜盘数决定是否升级。1 级以上则是段位。

### • 业余段位设置

业余从一段开始，参加业余定段赛最高可以打到业余五段；业余六段的获得者必须是取得省级乃至全国性业余围棋比赛前几名的棋手或是围棋界的元老水平差异很大，这些棋手的水平不一定强于一般的业余五段；业余七段的获得者必须是参加全国性围棋比赛并获得冠军；业余八段颁发给每届世界业余围棋比赛冠军；业余段位没有九段。

23

• 职业段位设置

职业段位按低到高是：初段、二段、三段、四段、五段、六段、七段、八段、九段。

2005 年初，国家体育总局（以下简称总局）召开关于运动员技术等级的会议，会议内容是征求大家对重新修订运动员技术等级的意见，并向大家传达了总局对于运动员技术等级管理的想法，以做到公平、公开、公正。业余段位是围棋运动员（1 级运动员及以下称号）技术等级参照的重要标准，根据总局的精神，协会同样需要对业余段位严格管理，同样做到公平、公开、公正。

但是在业余界而言，杭州的围棋段位比较真实，因为例如杭州的四段组经常有五段参加，而且五段占用了四段的名额，所以要定上段很难。在前些年，杭州的三段在上海都能定上五段。

## 围棋冠军的头衔 〉

头衔，是某些比赛冠军的特定称呼。中国的头衔战现有天元、名人和新人王。以前还举办过棋王和棋圣赛。其他几项比赛，冠军没有特殊的荣誉称呼，也就是没有头衔。

韩国的头衔有：天元、新人王、王中王、名人等。

日本有七大头衔：棋圣、本因坊、名人、十段、小棋圣（碁圣）、王座、天元。

日本围棋历史上有四大家，分别为：本因坊、安井、井上、林这四家，即人们常说的"棋院四家"。其中本因坊一门特别瞩目，一世本因坊算砂、四世本因坊道策和本因坊秀策都是日本围棋史上的标志人物。1603年以弈出第一个"天览棋"而著称于世。本因坊道策（1645~1702）是江户前期的围棋大师，号称"天下无敌"。是他整合了段位制度，栽培了众多优秀弟子，被尊为"棋圣"。同样被誉为"棋圣"的本因坊秀策（1829~1862）确立了"秀策流"布局，奠定了近代布局的基础。而本因坊、名人、棋所几个称呼的来历，都和一世本因坊算砂直接相关。说来话长了：

本因坊，原是一处寺院的名字。日本第一世本因坊，俗名叫加纳与三郎，生于嘉靖年代（1557年左右），此时正是日本岛国历史上有名的"战国时代"。为躲避战国风尘，其父便把他送到寂光寺去当和尚，法名日海。日海小和尚聪明绝顶，极具棋才。他在颂经念佛之余，也对围棋大感兴趣。当时日本岛国历史上有名的英雄人物织田信长也是个棋迷，经常邀请日海和他对弈。织田信长对自己棋力颇为自负，不料日海让他五子，还是游刃有余。织田对日海的棋技拜服之极，在日海弈出妙手后，夸赞道："你可真是个名人啊"，织田信长开了金口，这便是围棋名人的

起源。当时正亲町天皇的天正六年（1578），日海还只有22岁。

到了天正十年（1582），织田信长设下棋宴，邀请日海和另一著名高手鹿盐利贤来对弈，自己和手下的大将静坐观战。结果出现了罕见的三劫无胜负，双方只好达成协议将其作为无胜负的平局。

那时的段位审定极其严格，除了实力的因素还要熬年头，比之的高段棋手满天飞大不相同。段位除了实力还代表在棋界的身份，当时五段即为高段棋手，七段称之为"上手"即意味着进入了一流高手的行列，30岁前能获得七段便是很了不起的事了。八段即为准名人，同时代最多有两三位。九段为最高段位，却只能有一人，即为"名人"，同时代只能有一个名人。一旦晋升为九段，就意味着随时会被任命为"棋所"，因此，二者可看作是同义词。本因坊家是四家中最兴旺发达的一家，对日本围棋技艺发展的贡献也最大。日本围棋史上的10位名人（九段、棋所），本因坊一门就占了7个。

在今天，虽然古时的棋士家族门派体制已不复存在，但"本因坊"之名，仍然和"名人"头衔一样，作为日本最高级别棋赛的冠军称号之一，成为顶尖棋士们角逐的目标。

## 中国棋圣聂卫平 ＞

聂卫平，中国男子围棋队历史上优秀运动员。1952年8月17日出生，河北深县人。中国围棋协会副主席兼技术委员会主任，中国棋院技术顾问。1982年被授予九段，1988年被中国围棋协会授予围棋"棋圣"称号。

## 成长经历 ＞

### • 青少年时代

聂卫平9岁学棋，10岁时在北京市少年儿童围棋赛上夺得冠军。曾受张福田、雷薄华、过惕生、陈祖德、吴淞笙指导，棋艺大进，运思敏捷，算路精确，灵活善变。

上世纪六七十年代时期聂卫平下放黑龙江插队6年。虽然很少有机会下棋，但聂卫平认为是北大荒磨练出围棋之道的境

界"。

## • 聂卫平时代

1972 年聂卫平回到北京。1974 年日本关西棋院成员组成的代表团（关西棋院水平比日本棋院水平低）访问中国，聂卫平战胜了连胜 6 场、锐气逼人的宫本直毅九段而初露锋芒。

1975 年、1977 年、1978 年、1979 年、1981 年在全国围棋锦标赛中，5 次获得冠军。1979 年在第一届"新体育"杯赛中获冠军（并保持"五连冠"），同年在第一届世界业余围棋锦标赛中，获冠军。1976 年在中日围棋对抗赛中，率团访日的聂卫平战胜当时日本超一流选手石田芳夫九段，以 6 胜 1 负的成绩在围棋强国日本被称为"聂旋风"。1974 年～1980 年间，先后与日本九段棋手对弈 30 局，胜 17 局、和 2 局、负 11 局。中国围棋界一般将 1975 年~1979 年称为"聂卫平时代"。1979 年聂卫平获得国家体委颁发的"十佳"运动员称号。

## • 巅峰岁月

聂卫平的颠峰岁月是在 20 世纪 80 年

代的中日围棋擂台赛。他连任数届中国队主将，为中国队的连胜立下奇功。

1985 年在第一届中日围棋擂台赛中，日本超一流棋手小林光一九段连克中方 6 将，中方曾以 5 比 7 落后于日本队，聂卫平作为主将出战，应战小林光一九段，8 月 27 日和 29 日在日本连续战胜超一流的九段棋手、十段战冠军小林光一和王座战冠军加藤正夫，把比分扳成 7 比 7 平，11 月在北京又击败日本擂主、曾 6 次夺得"棋圣"战冠军、被授予"终身棋圣"称号的藤泽秀行，为中国赢得了擂台赛的胜利，实现了中国棋手首次战胜日本"超一流"棋手的重大突破。

1986 年在第二届中日围棋擂台赛中，他连克日方 5 将，再次使中国队反败为胜。

1987 年在第三届中日围棋擂台赛中，迎战日本队主将加藤正夫，中盘取胜，中国队"三连胜"。聂卫平的个人声望达到顶点。

聂卫平在中日围棋擂台比赛期间，上自国家领导人，下至平民百姓，均无不关心其比赛情况；清华大学、北京大学等学

27

生也因其捷报而游行庆祝。聂卫平成为那个时代中国的"英雄人物"。在中国掀起了学围棋的热潮，这其中就包括了后来成长为一流棋手的常昊、周鹤洋、罗洗河。

聂卫平1986年起任国家围棋队总教练。1988年在首届"富士通杯"世界职业围棋锦标赛中，获第三名。1989年在首届"应氏杯"世界职业围棋锦标赛上，获第二名。1988年3月22日为表彰聂卫平对围棋事业的杰出贡献，国家体委和中国围棋协会授予他"棋圣"称号。20世纪，在我国新举办的"国手战""名人战""棋圣战"中，均获首届冠军。

## 大满贯棋手李昌镐 >

李昌镐，韩国围棋九段棋手，曾创造多项围棋历史纪录，开创了"李昌镐时代"。从1992年夺得第一个世界冠军起，至2007年，李昌镐共夺得18个个人赛冠军、13次团体赛冠军（作为主将夺得8次）。他获得过2007年以前举办的任何一项世界职业围棋大赛（包括应氏杯、富士通杯、东洋证券杯、LG杯、三星杯、丰田杯、春兰杯、中环杯等个人赛以及真露杯、农心杯等团体赛）的冠军，真正实现了世界职业围棋比赛"大满贯"。

李昌镐，1975年7月29日出生于韩国全罗北道全州一个钟表店主家庭。除了李昌镐母亲的不平凡的胎梦，他的降生人间也没有什么特别之处。他天性沉默，不擅言辞，喜欢钻研事物的原理。这样的性格并不能保证他必定成为杰出的人物，正是后来的刻苦磨练才造就了他在小小棋

盘上的惊天动地的伟业。李昌镐的祖父李花春在李昌镐的人生道路上起到了至关重要的作用，是他及时发现了孙子性格中隐藏的优点，带领他遍访当地的业余高手，小小年纪就下了无数的棋，仅与李贞玉的对局就超过了1000局。

李昌镐父亲李在龙生有3个儿子，李昌镐是老二。李昌镐出生时体重4.8公斤，比一般新生儿童重1千克左右。因为是顺产，所以昌镐母亲在分娩时饱受其苦。据李在龙说，孩子块头很大，看来是随外婆家人。

作为家中的老二，李昌镐从小就深得祖父的溺爱，祖父也成了他最早的围棋启蒙老师。1982年3月，他进入全州教育大学附属小学。上小学后，他的数学特别好，计算能力十分突出。1983年1月，祖父开始教他学棋。虽说8岁开始学棋不算早，但李昌镐进步神速，仅半年时间祖父就不是他的对手了。同年6月，他投师于田永善六段门下，继续学棋。1984年2月，李昌镐就在少年围棋赛中战胜了师兄弟柳时熏，夺得第一个冠军头衔。

李昌镐围棋生涯中的另一个重要人物是韩国围棋国手曹薰铉。李昌镐9岁的时候拜曹薰铉为师学艺。李昌镐刚出道时正是曹薰铉和徐奉洙争霸的年代，当时大部分的头衔被曹薰铉把持，而挑战权基本都属于徐奉洙，但李昌镐一出道就将徐奉洙一举打垮，取得了和师傅较量的资格。拜师后2年，李昌镐就拿到了自己职业生涯的第一个冠军。1990年，年仅14岁的李昌镐四段在韩国的各大棋赛中连胜41局，引起了韩国棋界的注意。同年，在富士通赛中，战胜了日本超一流棋手武宫正树，还在韩国的正式比赛中，以3比2战胜师傅，夺走了曹薰铉"最高位"的头衔。

随后李昌镐一发而不可收，1990年3个头衔，1991年6个头衔，1992年8个头衔，1993年12个头衔，到了1994年李昌镐就让曹薰铉只剩1个头衔了，韩国棋坛彻

底迎来了"李昌镐时代",而这一年他才19岁,放眼世界棋坛,能在19岁就有如此辉煌战绩的找不到第二人。

1994年,李昌镐创造了一项新纪录,国内16项围棋比赛的冠军他都一个不漏地拿过1次以上,因此被授予文化新闻奖。此前,他还在1989年创造了最多对局纪录(111局),1990年创造了连胜最高纪录(41连胜),并创下了胜率最高纪录(78胜12负,胜率高达86.7%)。1993年他还创造了多胜新纪录(90胜)。

在世界职业大赛里,李昌镐也不断谱写着传奇。1992年初,李昌镐在第3届东洋证券杯赛中以3比2击败了超一流巨星林海峰九段,夺得了第一顶世界级桂冠,也创造了夺得世界冠军的最年轻纪录,当时他只有16岁零6个月。从这开始,一直到2007年8月17日,第三届中环杯围棋锦标赛决赛在中国台北结束,李昌镐九段战胜同胞朴正祥九段获得中环杯冠军,世界个人冠军总数达到18个。

在围棋界,李昌镐有"外星棋手""少年姜太公""石佛""神算子"和"鳄鱼"等称号。他外貌柔弱,常面无表情,喜怒不形于色。其棋风厚实均衡,基本功扎实,计算精确,各种战法样样

精通,他下出的棋很少出错,常令对手感到无隙可乘,其官子功夫号称"天下第一",且其心理素质极佳,常能在激烈的比赛中自始至终保持极其冷静的心理,从而使其对手在后半盘常有压力感,丧失斗志。对李昌镐的棋,对手很难找到非常有力的攻击手段。

李昌镐技术全面,行棋绵密老成,计算精准无比,官子功夫极佳。在其全胜时期,凭借卓越的全局驾驭能力和天下第一的官子功夫,横扫中日韩三国的顶级高手,对中国围棋的领军人物马晓春、常昊均有过10连胜的骄人战绩。李昌镐的棋朴实无华、大巧若拙,善于"兵不血刃,不战屈人"。他在对局中经常下出看似吃亏乃至笨拙的棋来,但在关键时刻却能发挥巨大作用。他的棋很少出错,但只要对手稍有失误,便会遭到他的致命一击。

## 围棋与哲学 ›

### • 契合本性

围棋棋盘标准正方形，由纵横各 19 条线垂直、均匀相交而成，构成一幅对称、简洁而又完美的几何图形。如果你久久凝视棋盘，会产生一种浑然一体，茫然无际的感觉。如仰视浩瀚苍天，如俯瞰寥廓大地。中国围棋大师吴清源考证说：围棋其实是古人一种观天工具。棋盘代表星空，棋子代表星星。

围棋棋盘的最大特点，在于它的整体性、对称性、均匀性。它全然一个整体，上下左右完全对称，四面八方绝对均匀。它既无双方阵地之分，也无东西南北之别。棋盘可以横摆、竖摆，下棋者可以从任何一边落子。围棋棋盘的这些特点十分契合宇宙空间的本性。现代宇宙学证实，在大尺度的宇宙空间，物质的分布并非杂乱无章，而是呈现高度的对称与均衡。而宇宙同时在以均匀和对称的方式不断膨胀。

围棋棋盘被分割成 324 个大小相等的小方格和 361 个交叉点，成标准网格状。这种网格是围棋棋子运动的载体。围棋棋盘这种有形之网正象征着天地之间的无形之网。从现代物理学的角度看，这种无形之网可以概括为宇宙中 4 种基本作用力：万有引力、电磁力、强力、弱力。再来看我们的地球，随着科技的发展，跨入了网络时代，数字网、光纤网、因特网…… 种种看不见的网密布天空，覆盖天空，覆盖世界。天地之间真如老子所说：天网恢恢，疏而不漏。

31

围棋棋盘的大小有些奇妙。据考证，最初的围棋棋盘少于纵横19路，以后逐步扩充到这个样子。从理论上讲，围棋棋盘边界还可以继续延伸，只要人类的智力可以承受，扩展到纵横25路，甚至更多也是可行的。围棋棋盘在有限中蕴藏着无限的潜力，正象征着宇宙的不断膨胀。

## • 元素性

围棋棋盘隐含奥妙，围棋的棋子也蕴藏玄机。围棋棋子具有一种"元素性"的特点，即是一种最抽象、最概括的存在。

先说棋子的种类和功能。象棋的棋子分为将、士、象、车、马、炮、兵7种，等级森严，各具不同的功能。围棋棋子的这种原子性、元素性，象征着宇宙物质的本质存在，也隐喻着物质的基本属性——客观实在性。围棋棋子元素性还表现在它的重复使用上，被吃掉的棋子仍可继续投入战斗，遵守着宇宙中物质不灭定律。

象棋

次看棋子颜色。围棋棋子在性质上是无差别的一种，在颜色上则分为黑、白两类。自古以来，人们形容围棋是黑白世界。围棋的黑白二色，主要是受了中国古代阴阳学说的影响。按古人观点，"阴阳者，天地之大理也"。月为阴，日为阳；女为阴，男为阳；寒为阴，暑为阳，如此等等，构成了万事万物，并由此循环往复，生生不息。围棋的黑白二字即象征着阴阳二极，由此而在代表天地的四方八面的棋盘上展现盈缩、进退、攻守的各种变化。

再看棋子的形状，其形为圆，乃封闭之形，象征着宇宙物质的基本形。宇宙中大自星体，小至基本粒子，皆为圆形或近似圆形，神秘莫测的飞碟，其状亦如围棋子一粒。

• 自然规律

围棋棋盘象征着宇宙时空，围棋棋子概括世界万物，围棋棋子在棋盘上的行棋对弈则隐喻着宇宙生存、发展、变化、运动的总规律。

围棋对弈首先隐喻着宇宙有生于无的生成规律。象棋对弈从"有"开始，尚未开战，棋盘上早已森严壁垒。围棋则从"无"开始，从空无一物的棋盘上陆续落子。宇宙的创生是从有而来，还是从无开始呢？老子说："天下万物生于有，有生于无。"《易》云："无极而太极。"大爆炸假说认为，宇宙源于200多亿年前某个时刻的一场大爆炸，从绝对的无中产生了时空空间，诞生了原始宇宙，并不断膨胀，演变成今天这个样子。

33

围棋对弈其次象征着宇宙繁生于简的发展规律。围棋的规则极为简单，而且是最大限度的简单，它的棋子无级别划分，没有功能规定，自由落放，平等竞争，而是像围棋那样，通过简单的规则，经由空间与数量产生一切。可以说，宇宙的运行更像东方的围棋而不是象棋和美式足球。

围棋对弈还形象地演绎着宇宙阴阳两极的对立统一运动，"一阴一阳谓之道"，宇宙中，普遍存在阴阳两极的相互对立、相互制约、相互平衡、相互转化的矛盾运动。如宇宙本身的膨胀与收缩，物质与反物质，光的波粒二象性，测不准原理，物理学中的正电与负电、引力与斥力，生物学中生与死、遗传与变异，化学中的氧化与还原、合成与分解等等。这些种种对立的统一关系，都能在围棋的黑白相争中找到形象的对应。

**围棋与经济学** >

围棋对弈又被称为"手谈"，双方以落子作为语言进行交流，每手棋都传递着信息。从战术上讲，围棋中有"金角银边草腹"之说。意指围取同样多的地，在棋盘角上可利用棋盘的两条边，所需子力（手数）最少；在棋盘边上只能利用棋盘的一条边，所需子力（手数）较多；在棋盘中腹没有边可利用，所需子力（手数）最多。所以主流弈法多优先在棋盘角和边上围地。围棋是一门经济学。不同于其他棋类项目以先擒获对方某种棋子为胜，追求达到目标的过程，围棋以控制地盘大者为胜方，追求数量的优势；而与其他棋类项目一样，围棋也是双方轮流下子，棋子及落子的机会就是棋手所掌握的稀缺资源。

经济学就是研究如何配置有不同用途的稀缺资源以尽可能地满足人类无限的欲望的科学。围棋研究如何把有限的子力资源配置好，以尽可能地满足棋手控制更大地盘的欲望。用己方的6枚棋子在角上围2目活棋是容易的，但资源配置效率很低，如果以中庸或"和"的角度理解围棋就会有更多的对人生的体会。不同于国际象棋和中国象棋、军棋等，棋盘上的子力数随棋局进展单调递减，绝不可能增加，围棋盘上的子力数除了被提吃外，一般随棋局进展而增加。

故除了第一手棋外，每一手落子都是在原有局面子力存量基础上的增量，后续的每一手落子都要作一次边际分析，而边际分析正是经济学的重要研究方法。博弈论是从包括围棋等在内的各种游戏中总结出来的，也适用于围棋。经济学的另一个重要原理是较多的预期收益往往伴随着较大的风险，围棋亦如此。用己方的6枚棋子在角上围2目地是牢靠的，自己可在这2目地盘上做主，没有风险，区区2目地的收益却很低；而用同样的6枚棋子围出更多的地盘，收益是多了，但有时这样的地盘上就不一定能自己做主了，有被对手破除的风险。

## 围棋与中国思想文化 ＞

围棋在很大程度上反映了中国传统思想文化的精髓，具体有以下方面：

第一，能动精神。从人的能动性的发挥程度上看，棋牌中越是高层次的，人的主观能动性发挥得越好。围棋的行棋规则为想象力的发挥和创造力的实现提供了广泛空间和可能。围棋一开始满盘无子，行棋中虽有"金角、银边、草腹"之说，开局时头四手棋绝大多数都先抢占角，然而原则上，棋手可以根据自己的判断在棋盘的任意一点上落子，棋手有充分的行棋自主权，而这种自主正是棋手"棋力"的充分体现，是主观能动性的最大发挥。围棋千变万化，"千古无重棋"。这正是其他棋牌无法与之相比的魅力所在。

第二，平等思想。从棋牌体现的平等思想上看，越是高级的越能体现出平等思想、民主意识。围棋最古老也最现代。

围棋，在未落子之前，棋子与棋子之间无任何身份、地位、价值上的差别，只有在不同的位置才体现出了不同的价值，行棋中棋子无区域和行棋路线的限制，黑白两色只是区分交战双方而设。

第三，全局观念。围棋的全局观念比任何棋牌都显得重要和明显，在竞技过程中，既要重视眼前利益，更要把握长远利益，既要守卫自己的局部利益，更要时刻从全局上保证获得最大利益，为了自己获得长远的、全局的利益，有时要牺牲眼前的、局部的利益。围棋对弈中常常有通过弃子转换来扭转危局，实现反败为胜。与其他棋牌相比，围棋更能培养人全面、历史地看问题、超前决策能力和长远眼光，做到有大局观。

下棋不只是一种活动，它还是一种艺术，一种起源于中国、在中国发展最广的艺术，是中国的国粹。

围棋动漫

《棋魂》产地：日本，年份：1999年~2003年

《围棋少年》产地：中国，年份：2006年

《围棋少年第二部》产地：中国，年份：2009年

围棋小说

《棋定今生》《三痴围棋小说》《黑白纵横》《劫》《我本寂寞》《棋魔前传》《仙子谱》《围棋的故事》《围棋的世界》《棋士》《围棋少年》《天下围棋》《逐鹿大宋》《聋棋士》《棋》《手谈之秋》《下围棋》。

《棋魂》

## 学棋的六大境界 〉

第一境界：入门，初涉此道，走子无序，先后不分。虽艺微，然见猎心喜，腾挪间或见灵动之色。

第二境界：登堂，走子颇熟，喜搏杀，无谋略，得失不计，骁勇无匹，此境半月可期。

第三境界：入室，惜子若帅，谨小慎微，锱铢必争，运子已见细腻灵动，然舍本逐末，常因惜子失全局。

第四境界：高手，重势轻子，善弃子夺势，谋略可期，然胜负常疏漏于方寸间。

第五境界：国手，三转棋风，刚柔并济，能攻善守，运筹帷幄，坐看云起之妙。

最高境界：圣手，艺无止境，此时已炉火纯青之境，运子行云流水，以拙胜巧，于柔弱处见千钧之力，为人所不为，行人所不行，借用金庸几句话"重剑无锋，大巧不工""以无招胜有招"。

# 楚河汉界——中国象棋

中国象棋在中国有着悠久的历史，属于二人对抗性游戏的一种。由于用具简单，趣味性强，成为流行极为广泛的棋艺活动，是我国正式开展的78个体育项目之一。在中国古代，象棋被列为士大夫们的修身之艺，现在则被视为怡神益智的一种有益的活动。在棋战中，人们可以从攻与防、虚与实、整体与局部等复杂关系的变化中悟出某种哲理。

## 中国象棋历史 ›

中国象棋即军际象棋, 具有悠久的历史。

象棋在周代建朝 (公元前11世纪) 前后产生于中国南部的氏族地区。唐代, 象棋在中国发生了很大的变化, 有了一些变革, 已有"将、马、车、卒"4个兵种, 棋盘和国际象棋一样, 由黑白相间的64个方格组成。后来又参照我国的围棋, 把64个方格变为90个点。宋代, 中国象棋基本定型, 除了因火药的发明增加了"炮"之外, 还增加了"士""象"。

到了明代，可能为了下棋和记忆的方便，才将一方面的"将"改为"帅"，和现代中国象棋一样了。如今，中国象棋已流传到十几个国家和地区。在日本、菲律宾还成立了中国象棋协会。

### 象棋的发源

早期的象棋，棋制由棋、箸、局等三种器具组成。两方行棋，每方6子，分别为：枭、卢、雉、犊、塞（2枚）。棋子用象牙雕刻而成。箸，相当于骰子，在棋之前先要投箸。局，是一种方形的棋盘。比赛时，"投六箸，行六棋"，斗巧斗智，相互进攻逼迫，而置对方于死地。春秋战国时的兵制，以5人为伍，设伍长一人，共6人，当时作为军事训练的足球游戏，也是每方6人。由此可见，早期的象棋，是象征当时战斗的一种游戏。在这种棋制的基础上，后来又出现一种叫"塞"的棋戏，只行棋不投箸，摆脱了早期象棋中侥幸取胜的成分。

### 秦汉时期出现雏形

秦汉时期，塞戏颇为盛行，当时又称塞戏为"格五"。从湖北云梦西汉墓出土的塞戏棋盘和甘肃武威磨嘴子汉墓出土的彩绘木俑塞戏，可以印证汉代边韶《塞赋》中对塞戏形制的描写。三国时期，象棋的形制不断地变化，并已和印度有了传播关系。至南北朝时期的北周朝代，武帝（公元561~578年在位）制《象经》，

王褒写《象戏·序》，庚信写《象戏经赋》，标志着象棋形制第二次大改革的完成。隋唐时期，象棋活动稳步开展，史籍上屡见记载，其中最重要的是《士礼居丛书》载《梁公九谏》中对武则天梦中下象棋频国天女的记叙和牛僧孺《玄怪录》中关于宝应元年（公元762年）岑顺梦见象棋的一段故事。结合如今能见到的北宋初期饰有"琴棋书画"四样图案，而以八格乘八格的明暗相间的棋盘来表示棋的苏州织锦和河南开封出土的背面绘有图形的铜质棋子，可以得到这样的结论：唐代的象棋形制和早期的国际象棋颇多相似之处。当时象棋的流行情况，从诗文传奇中诸多记载中，都可略见一斑。而象棋谱《樗薄象戏格》三卷则可能是唐代的著作。宋代是象棋广泛流行，形制大变革的时代。北宋时期，先后有司马光的《七国象戏》，尹洙的《象戏格》《棋势》，晁补之的《广象戏图》等著述问世，民间还流行"大象戏"。

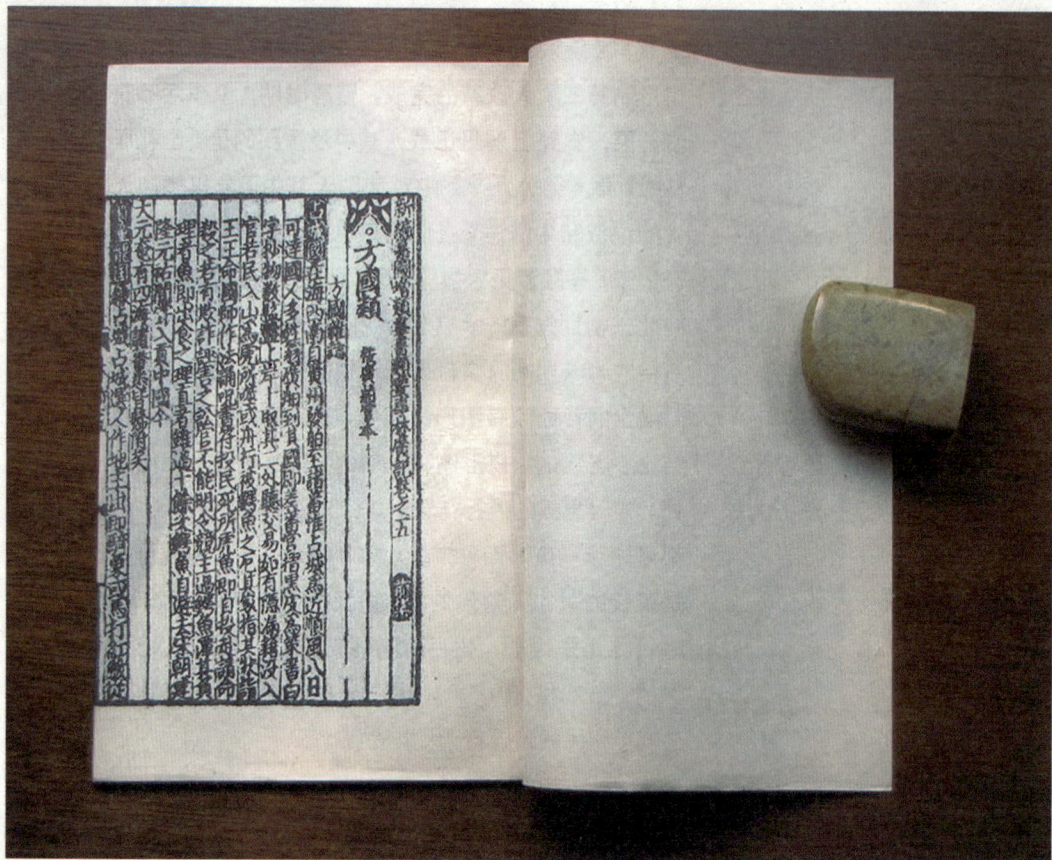

《事林广记》

## • 唐代之后的象棋发展

　　唐代以前，象棋只有将、车、马、卒 4 个兵种。宋晁无咎的"广象棋"有棋子 32 个，与现代象棋棋子总数相同，但是不知道棋盘上有没有河界。宋、元期间的《事林广记》刊载了两局象棋的全盘着法。明、清时期，棋书出版较多，尤以明代徐芝的《适情雅趣》、明末清初朱晋桢的《桔中秘》、清代王再越的《梅花谱》和张乔栋的《竹香斋象戏谱》更为著名。1956 年起象棋列为我国国家体育项目，近些年，在全国性比赛中，除男子个人赛，又先后增加了男子团体、女子个人、女子团体等比赛项目。成绩优异的棋手由国家体委授予"象棋大师"和"特级大师"等称号。

## • 近代模式象棋成型

经过近百年的实践，象棋于北宋末定型成近代模式：32 枚棋子，有河界的棋盘，将在九宫之中等等。南宋时期，象棋"家澈户晓"，成为流行极为广泛的棋艺活动。李清照、刘克庄等文学家，洪遵、文天祥等政治家，都嗜好下象棋。宫廷设的"棋待诏"中，象棋手占一半以上。民间有称为"棋师"的专业者和专制象棋子和象棋盘的手工业者。南宋还出现了洪迈的《棋经论》、叶茂卿的《象棋神机集》、陈元靓的《事林广记》等多种象棋著述。元明清时期，象棋继续在民间流行，技术水平不断得以提高，出现了多部总结性的理论专著，其中最为重要的有《梦入神机》《金鹏十八变》《橘中秘》《适情雅趣》《梅花谱》《竹香斋象棋谱》等。杨慎、唐寅、郎英、罗顾、袁枚等文人学者都爱好下棋，大批著名棋手的涌现，显示了象棋受到社会各阶层民众喜爱的状况。

## • 国家体育项目——象棋

新中国建立之后，象棋进入了一个崭新的发展阶段。1956 年，象棋成为国家体育项目。以后，几乎每年都举行全国性的比赛。1962 年成立了中华全国体育总会的下属组织——中国象棋协会，各地相应建立了下属协会机构。50 多年来，由于群众性棋类活动和比赛的推动，象棋棋艺水平提高得很快，优秀棋手不断涌现，其中以杨官璘、胡荣华、柳大华、赵国荣、李来群、吕钦、许银川等最为著名。

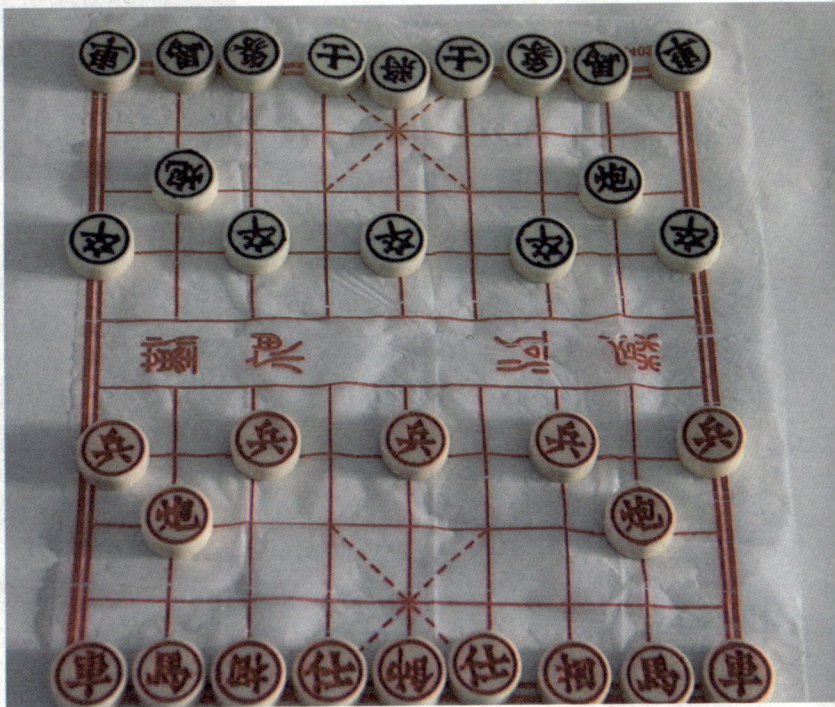

## 棋子与棋盘 〉

- ### 帅（将）

    红方为"帅"，黑方为"将"。

    帅和将是棋中的首脑，是双方竭力争夺的目标。它只能在"九宫"之内活动，可上可下，可左可右，每次走动只能按竖线或横线走动一格。帅与将不能在同一直线上直接对面，否则走方判负。

- ### 仕（士）

    仕（士）是将（帅）的贴身保镖，它也只能在九宫内走动。它的行棋路径只能是九宫内的斜线。

- ### 象（相）

    红方为"相"，黑方为"象"。

    相（象）的主要作用是防守，保护自己的帅（将）。它的走法是每次循对角线走两格，俗称"象飞田"。相（象）的活动范围限于"河界"以内的本方阵地，不能过河，且如果它走的"田"字中央有一个棋子，就不能走，俗称"塞象眼"。

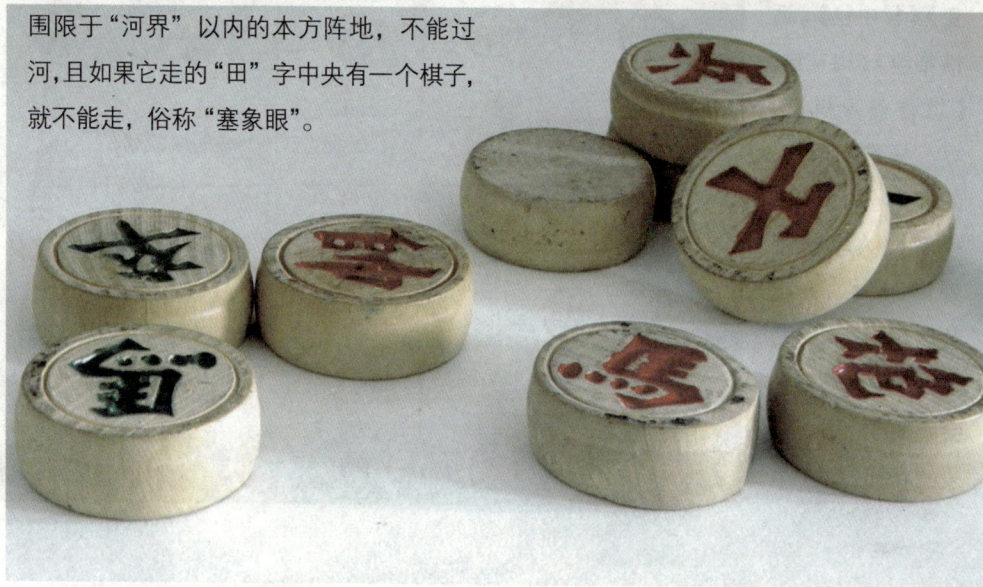

## • 车（㡴）

车在象棋中威力最大，无论横线、竖线均可行走，只要无子阻拦，步数不受限制。因此，一车可以控制 17 个点，故有"一车十子寒"之称。

## • 炮

炮在不吃子的时候，走动与车完全相同，但炮在吃子时，必须跳过一个棋子，我方的和敌方的都可以，俗称"炮打隔子"

## • 马

马走动的方法是一直一斜，即先横着或直着走一格，然后再斜着走一个对角线，俗称"马走日"。马一次可走的选择点可以达到四周的 8 个点，故有"八面威风"之说。如果在要去的方向有别的棋子挡住，马就无法走过去，俗称"别马腿"。

## • 兵（卒）

红方为"兵"，黑方为"卒"。

兵（卒）在未过河前，只能向前一步步走，不能后退外，可向前移动。过河以后可左、右移动，但也只能一次一步，即使这样，兵（卒）的威力也大大增强，故有"过河的卒子顶半个车"之说。

47

• 棋盘

棋子活动的场所，叫作"棋盘"。在长方形的平面上，绘有9条平行的竖线和10条平行的横线相交组成，共有90个交叉点，棋子就摆在交叉点上。中间部分，也就是棋盘的第五、第六两横线之间未画竖线的空白地带称为"河界"。两端的中间，也就是两端第四条到第六条竖线之间的正方形部位，以斜交叉线构成"米"字方格的地方，叫作"九宫"（它恰好有九个交叉点）。

整个棋盘以"河界"分为相等的两部分。为了比赛记录和学习棋谱方便起见，现行规则规定：按九条竖线从右至左用中文数字一—九来表示红方的每条竖线，用阿拉伯数字1—9来表示黑方的每条竖线。对

弈开始之前，红黑双方应该把棋子摆放在规定的位置。任何棋子每走一步，进就写"进"，退就写"退"，如果像车一样横着走，就写"平"。

"楚汉界河"指的是河南省荥阳市黄河南岸广武山上的鸿沟。沟口宽约800米，深达200米，是古代的一处军事要地。西汉初年楚汉相争时，汉高祖刘邦和西楚霸王项羽仅在荥阳一带就爆发了"大战七十，小战四十"，因种种原因项羽"乃与汉约，中分天下，割鸿沟以西为汉，以东为楚"，鸿沟便成了楚汉的边界。如今鸿沟两边还有当年两军对垒的城址，东边是霸王城，西边是汉王城。现汉霸王城面临坍塌的危险，有关部门正在保卫我国的古战场。

楚河　　　漢界

## 胜负规则 >

对局中，出现下列情况之一，本方算输，对方赢：

1. 己方的帅（将）被对方棋子吃掉；

2. 己方无子可走（即"困毙"）

3. 己方对对方"长将"或"长捉"

4. 己方发出认输请求；

5. 有步时要求的，己方走棋超出步时限制。

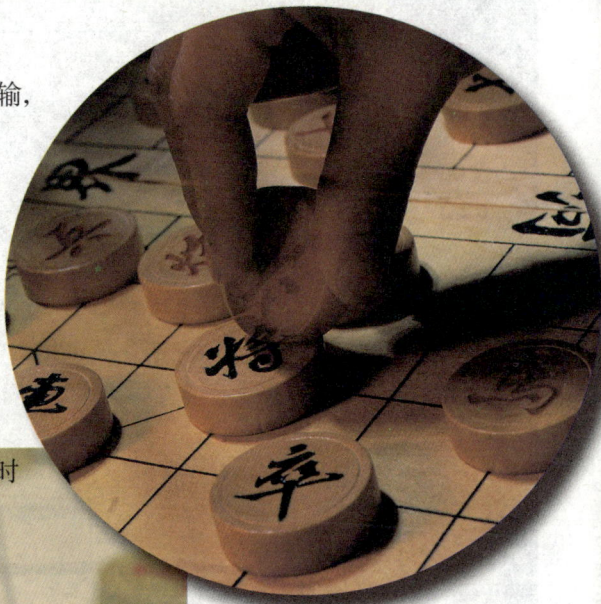

> **中国象棋中的歇后语**

小卒过河顶大车

小卒一去不回头

重炮将——无子垫

马回头——不如驴

一盘象棋下三天——棋逢对手

象棋斗胜——纸上谈兵

豆腐板上下象棋——无路可走

围棋盘里摆象棋——不对路数

马跳窝心，不死也昏

单车难破士相全

单车挂炮，瞎胡闹

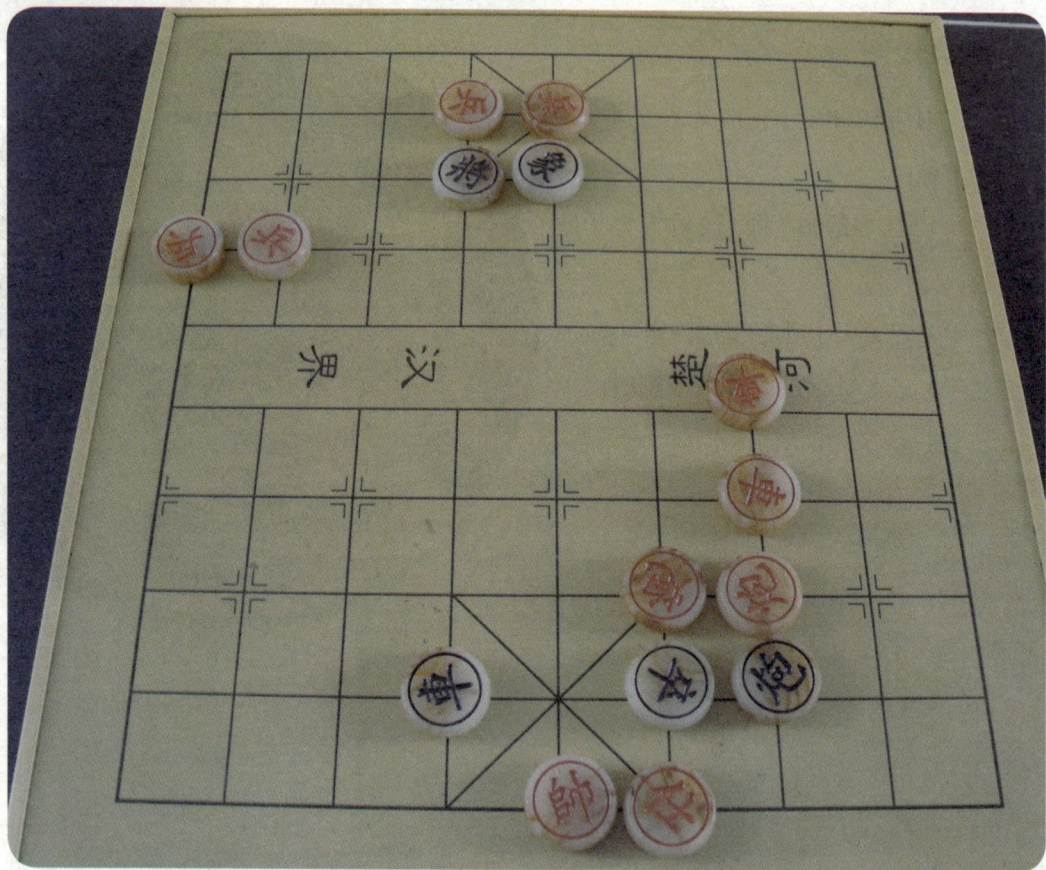

## 残局 〉

　　残局即为下到最后阶段的不完整的棋局。残局是象棋的基础，正规学棋的都是先学残棋，再学开局，然后中局。残局一般分为实用残局和江湖残局两种。实用残局可以在下棋时知道何种情况下可以简化局势进入例胜或例和或继续维持复杂局面，无论是例胜、例和或维持复杂局面都需要掌握残局技巧，否则和棋和不了、赢棋赢不下、胡乱兑子造成败局！学好实用残局是对局势审视的重要一部分。

　　另一种是江湖残局，江湖残局乍一看几步棋就可以取胜，其实不然，它变化莫测，处处是陷阱，每个变化都有几个分支，着法较长，一步不慎就落入败局，研究江湖残局对思维能力会有很大的提升，对中局会有很大的帮助，对开局转中局有一定的借鉴作用。

## 中华《易经》与象棋

中国象棋来源有两种说法，一是伏羲先天八卦推出，另一是韩信推出。无论怎样，中国象棋的思想源于《易经》，与《易经》中的太极八卦图有很大的联系，可以这么说，中国象棋就是太极八卦。

《易经》

就用太极八卦来解析一下中国象棋。太极八卦的精髓思想：一个概念（内部时刻变化的）在某一方向上归根结底分为对立两面，表现为3种形式（对立两者加它们的统一体），接着一直细分下去，无穷无尽。棋盘上有两对立方，还有一与双方接触的河界。

观察其中一个军事集团"将"，一共有16个棋子，大家知道怎么来的吗？"将"这个概念按照前面所说的逻辑推理。两对立面分一次得 $2 \times 3 = 6$，3种表现形式分一次得 $3 \times 3 = 9$，$1 + 6 + 9 = 16$，这就是"将"集团的组织来源。1代表未细分的"将"，2代表相和士，3代表车、马、炮，6代表左相、右相、左士、右士再两个兵（左相与右相的中间状态物，左士与右士的中间状态物），9代表左车、兵、右车、左马、兵、右马、左炮、兵、右炮。

51

## 文人关于象棋的诗作

北宋理学家程颢（公元 1032~1085 年），有咏象棋诗一首：

大都博弈皆戏剧，象戏翻能学用兵。
车马尚存周战法，偏裨兼备汉宫名。
中军八面将军重，河外尖斜步卒轻。
却凭纹楸聊自笑，雄如刘项亦闲争。

明正德年间（公元 1506~1521 年），进士毛伯温有咏象棋诗一首：

两国争雄动战争，不劳金鼓便兴兵。
马行二步鸿沟渡，将守三宫细柳营。
摆阵出车当要路，隔河飞炮破重城。
幄帏士相多机变，一卒功成见太平。

清乾隆年间（公元 1736~1795 年），进士刘墉有咏象棋诗一首：

隔河灿烂火荼分，局势方圆列阵云。
一去无还惟卒伍，深藏不出是将军。
冲车驰突诚难御，飞炮凭陵更逸群。
士也翩翩非汗马，也随彼相录忠勤。

天津许子亮先生有象棋诗一首：

小小棋盘一片天，纵横交错亦使然；
进退攻守合阴阳，方寸之间成大丹；
兵将水土共相济，得遇先天皆圆满！

## 中国象棋的演变 〉

### • 朝鲜象棋

朝鲜象棋流行于朝鲜族同胞中，在吉林省延边朝鲜族自治州每年都举行正规比赛。有足够的证据表明，朝鲜象棋来源与中国象棋，在中国明代时曾广泛流行于朝鲜半岛。朝鲜象棋的棋盘和棋子与中国象棋完全相同，胜负判定规则也相同。但是布子不同于中国象棋。一是将帅分别推前 1 步，布于九宫中心；二是一路边兵、卒横移至二路；三是与横移的边兵、边卒同侧的马、相或马、象互换位置。朝鲜棋的走子方式与中国象棋相比，除了车、马的走法相同以外，其他棋子的走法有以下不同：

1. 将、帅、士、仕走法一样，不准离开九宫，可以沿直线或斜线行走 1 步。

2. 象与相走 3x2 长方形的对角，等于先直行 1 步，再向斜前方走田字格的对角。别象脚的棋位有 2 处，直行 1 步处和田字格中心处，只有这 2 处都无其他棋子时才能行走。此外，象或相可以过河，可以走遍棋盘上所有的棋位。

53

3.炮不准吃炮。炮吃其他棋子时与普通象棋相同，隔1子跳吃，吃去目标棋位的棋子。同时还规定，炮在不能吃子或不愿吃子时，走法与吃子时相同，即必须隔1子直行，距离不限。

4.兵卒无论是否已经过河，始终可以横行或前行，但是不准后退。

- 三国演弈棋

三国演弈棋是流传较广的三人棋类游戏，以象棋为表现形式，模拟出了三国时代魏蜀吴之间联盟、对抗的历史形势。

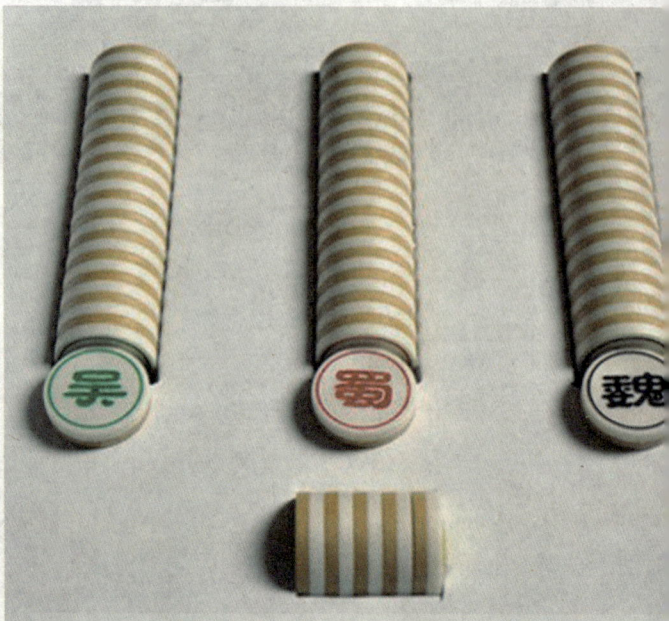

三个玩家分别代表曹操、刘备、孙权，互相攻伐，最终战胜两方一统天下。棋子走法与中国象棋大致相同，不同的是"马"无"别马腿"限制，强化古代骑兵作用，且只有马能结盟或杀汉帝，体现其战略重要性；"相"在本国境内走"田"字，但无"堵象眼"限制，以加强防御；"兵"驻守在本国防线上，为体现古代步兵的防御作用，兵在防线上可横走，但不许后退；越过国境线（防线前一条线）后即可前后左右走，每次一步，后退时最多只能退到本国国境线。

三国演弈棋比较独特的地方是通过结盟以及对汉献帝力量的合理使用（挟天子以令诸侯），让人充分体会到三国时代独特的历史背景和各种战略决策。与其他由象棋演变来的棋类相比，趣味性更强，规则更合理。

## • 新象棋

就是新式象棋，即国战棋系列。由湖南省艺术研究所著名编剧、书法家、画家贺文键发明。该棋借鉴了中国象棋的规则和行子模式，综合了现代战争的战略思想与战术特点，经过多年的酝酿和思考，逐渐成型。新象棋包括3种，一为国战棋大盘，二为国战棋标准盘，三为大盘中国象棋。

国战棋棋子有7种：元首（总统）、导弹、火炮、战机、军舰、坦克、卫戍，都是仿照当代战争形态的兵器和人员而设计，主要参考了中国象棋的行子模式，也参考了国际象棋和围棋、军棋的部分理念。由于国战棋主要取法中国象棋的行棋模式，其规则与中国象棋规则极为相似。可以说，象棋是古代战争形态，而国战棋是现代战争形态。

国战棋，包括棋盘和棋子，所述棋盘有对弈双方的疆域、国界海洋，国界海洋中有一根中心纬线，本发明的对弈双方的棋子可以在疆域内及疆域外活动，模仿当代战争的形态，用军事作战中的武器与人员作为棋子，似中国象棋又非中国象棋，包含了传统中国象棋的一些元素又添加了新的规则，给棋类游戏增添了丰富性、多样性和刺激性。

国战棋玩法，棋子也可用中国象棋子替代。

# 精雕细琢——国际象棋

国际象棋，又称欧洲象棋或西洋棋（港澳台地区多采用此说法），是一种二人对弈的战略棋盘游戏。国际象棋的棋盘由64个黑白相间的格子组成。黑白棋子各16个，多用木或塑胶制成，也有用石块制作；较为精美的石头、玻璃（水晶）或金属制棋子常用作装饰摆设。国际象棋是世界上最受欢迎的游戏之一，中国象棋，暗棋阁都是其中玩法之一，数以亿计的人们以各种方式下国际象棋。

　　国际象棋几乎就是融艺术、科学、知识和灵感为一炉的一种游戏。分析对局时是一种逻辑的实验使用，而在攻王的战斗中和战略问题运筹的时候，就需要有一种创造性的灵感。不过，国际象棋不是像纵横字谜那样单纯是一种文字智力的测试。国际象棋的竞争使双方投入一场不流血的战斗，是双方思想和意志的一场激烈尖锐的战斗以及体力上的坚韧不拔的较量。

## 国际象棋与政治 >

世界上的4大棋类（围棋、中国象棋、国际象棋、将棋）都与该国家的政治制度有关。国际象棋所反映的政治制度是西方的封建社会。与其他3种棋类相比，国际象棋政治色彩更加浓郁：首先，反映出的社会等级性更加明显，棋子名称与社会阶层挂上了钩——比如：主教、骑士等。其次，国际象棋里威力最大的棋子是皇后，突出了西方封建社会中皇后的地位及作用（因为政治联姻，故皇后代表第三方联合军的支援，另外中国象棋里根本就没有皇后）。

## 国际象棋渊源 ›

据现有史料记载，国际象棋的发展历史已将近2000年。关于它的起源，曾经有过多种不同的说法，诸如起源于中国、印度、锡兰、波斯、阿拉伯国家等等。目前世界上多数棋史学家认为国际象棋最早出现在印度。18世纪时，W·琼斯指出：古印度是国际象棋诞生的摇篮。大约公元2～4世纪时，印度有一种叫作"恰

图兰加"的棋戏，内有车、马、象、兵4种棋子，象征着印度古代的军制。在当时流传的印度叙事史诗《摩诃婆罗多》中，有"四军将士已安排"的诗句。"四军"就是指军队分为车、象、马、兵4个兵种。但作为今日国际象棋前身的这种"四方棋"，当时是由掷骰子的方法来进行的。游戏的目的也不是将死对方的王，而是

吃掉对方全部棋子。以梵语"恰图兰加"命名的"四方棋"在6世纪时由印度传入波斯，由于语音上的讹误，古波斯人把"恰图兰加"误读为"恰特兰格"。"恰特兰格"就被阿拉伯人改称为"沙特兰兹"，以后这种"沙特兰兹"在中亚和阿拉伯国家广泛流传。10世纪前后，阿拉伯国家已经出现了许多闻名一时的棋手。世界名著《一千零一夜》中，就曾提及哈里发何鲁纳·拉施德的宫廷诗人里有一位著名棋手。公元819年，在巴格达还举行过几个棋手的比赛。

国际象棋大约在10世纪以后，经中亚和阿拉伯传到欧洲的各个地区，先传到意大利，然后是西班牙和法国。11世纪末叶，遍及欧洲各国。在当时的文献中，将国际象棋列为骑士教育的"七艺"之一。"七艺"是骑术、游泳、射箭、击剑、狩猎、赋诗和下棋。法国的英雄史诗《罗兰之歌》中，也谈及这一点。15–16世纪，国际象棋终于定型成今日的样式和棋制。现存最早的国际象棋谱，出版在1497年。

国际象棋的着法有过许多次变革。早先，王的走法虽一样，但据说是可以被吃掉的。关于王车易位的特权是从16世纪上半叶才开始有的，这是欧洲人的一项创造发明。皇后的名称、性别和威力曾经有过多次奇妙的改变。在沙特拉兹时期，皇后这只棋子表示"律师""大臣"或"将军"。后来法国人把皇后一子的形式稍稍变了一下，成了现在这样的女性。过去，皇后并不是最强的棋子，它只能斜走1格，与中国象棋的士非常类似。双方的皇后只能在不同颜色的格子上斜走，因此不能相遇。皇后具有现在这样强大的威力，大约是在15世纪中叶以后。兵在过去只能前进1格，第1次走动时也一样，一直到16世纪初，兵的威力才提高到现在这样。兵到达第8格，过去只能升变为皇后，不能升变成别的棋子。只有车和马的走法一直没有改变。至于国际象棋的棋盘，在13世纪以前是不分黑白格的。

## 国际象棋相关赛事 〉

19世纪中期，国际象棋开始成为正式的比赛项目。1924年曾被列为奥运会的正式比赛项目，同年成立了"国际棋联"。国际棋联主办或委托成员国协会举办的重大世界性比赛有：国际象棋奥林匹克赛、世界团体锦标赛、男女个人世界冠军赛、大学生世界团体赛、少年世界冠军赛，以及各大洲的国际象棋团体赛。至于各种杯赛、邀请赛、大师赛、特级大师赛、等级分赛等更是不可胜数。

国际象棋由黑白两棋组成，执白先行，国际象棋的对局目的是把对方的王将死。一方的王受到对方棋子攻击时，称为王被照将，攻击方称为"将军"，此时被攻击方必须立即"应将"。如果无法避开将军，王即被将死，攻击方取胜。除"将死"外，还有"超时判负"与"和棋"。

## 棋盘和棋子 ⟩

　　国际象棋棋盘是个正方形，由横纵各8格、颜色一深一浅交错排列的64个小方格组成。深色格称黑格，浅色格称白格，棋子就放在这些格子中移动，右下角是白格。棋子共32个，分为黑白两组，各16个，由对弈双方各执一组，兵种是一样的，分为6种：国王、皇后、城堡（战车）、主教（传教士）、骑士、近卫军。在比赛中，国际象棋棋子采用立体棋子，非正式的下棋可以采用平面图案的棋子。

### • 布子规则

　　对于初学者，摆棋时记住：
　　右下角是白格，白后占白格，黑后占黑格。

### • 走子规则

　　王（K）：横、直、斜都可以走，但每次限走1步。不过，王是不可以送吃的，即任何被敌方控制的格子，己方王都不能走进去。否则，算"送王"，犯规。3次就要判负。

　　(1) 除易位时外，王可走到不被对方棋子攻击的任何相邻格子，而且只能走1步。

　　(2) 易位是由王和己方任何一个车一起进行的仍被视作王的一着的走法，参见"特殊规则"。

　　后（Q）：横、直、斜都可以走，步数不受限制，但不能越子。

　　车（R）：横、竖均可以走，步数不受限制，不能斜走。除王车易位外不能越子。

　　象（B）：只能斜走。格数不限，不能越子。开局时每方有两象，一个占白格，一个占黑格。

63

马（N）：每步棋先横走或直走一格，然后再往外斜走一格；或者先斜走一格，最后再往外横走或竖走一格（即走"日"字）。可以越子，没有"中国象棋"的"别马腿"限制。

兵（P）：只能向前直走，每着只能走一格。但走第一步时，可以走一格或两格。兵的吃子方法与行棋方向不一样，它是直走斜吃，即如果兵的斜进一格内有对方棋子，就可以吃掉它而占据该格。

### • 特殊着法

除了上面所有棋子的一般着法外，国际象棋中存在下面3种特殊着法：

吃过路兵：如果对方的兵第一次行棋且直进两格，刚好形成本方有兵与其横向紧贴并列，则本方的兵可以立即斜进，把对方的兵吃掉。这个动作必须立刻进行，缓着后无效。记录时记为"en passant"或"en pt"，法语中表示"路过"。

兵的升变：任何一个兵直进达到对方底线时，即可升变为除"王"和"兵"以外的任何一种棋子，可升变为"后""车""马""象"，不能不变。这被视为一步棋。升变后按新棋子的规则走棋。

王车易位：每局棋中，双方各有一次机会，让王朝车的方向移动两格，然后车越过王，放在与王紧邻的一格上。王车易位根据左右分为"长易位"和"短易位"。

在下面四种情况下，王车易位不允许：

王或对应的车已经移动过；

王和车之间有其他棋子阻隔；

王正被对方"将军";

王经过或到达的位置受对方棋子"将军"。

• 胜、负、和

国际象棋的对局目的是把对方的王将死。比赛规定：一方的王受到对方棋子攻击时，成为王被照将，攻击方称为"将军"，此时被攻击方必须立即"应将"，如果无法避开将军，王即被将死（长将除外）。除"将死"外，还有"超时判负"与"和局"。出现以下情况，算和局：

1. 一方轮走时，提议作和，对方同意。

（注意：一方提和时，必须在自己走棋的时间内提出和棋，同时走出自己的棋并按钟。任何提和都不可以撤回。对方在自己的时间内思考是否和棋。同意，则口头声明；不同意，则拒绝或直接走棋。任何人都不能连续提和，即自己的提和被对方拒绝后若没有对方再次提和遭拒绝的话，那么自己是不可以提和的。）

2. 双方都无法将死对方王时，称为 material 或"死局"。

3. 一方连续不断地将对方的王，且对方无力避免，这被称为"长将和"。

4. 轮到一方走棋，王没有被将军，但却无路可走，称为 stalemake 或"逼和"。

5. 对局中同一局面出现 3 次，而且每次都是同一方走的，并且没有任何可走棋步的差别，判为和局，称为"3 folder"或"三次重复"。

6. 双方在连续 50 回合内都没有吃掉对方任何一子，并且未移动一个兵的，判为和局。

## 比赛规则 >

### • 白先黑后

比赛时，规定白棋先走，黑棋后走，双方轮流走棋，一次走一步棋，直到分出胜负或走成和局为止。

### • 摸子走子

在对局中，用手触摸了自己方面的某个棋子，就必须走动它。如果所触摸的棋子根本无法走动，才可以另走别的棋子。如果要摆正棋子，必须先向对手或裁判员口头声明：我摆正棋子，之后才可摸子。如果用手触摸了对方的棋子，就必须吃掉它。只有当自己任何一个棋子都无法吃它时，才允许走别的着法。

## • 离手无悔

一着棋走了之后，手已离开棋子就不能再改走它着。如果这时你的手还没离开这个棋子，还可另改其他格位，但必须按"摸子走子"原则走动这个棋子。

## • 纠正错误

1. 在对局时，如果发现棋盘的方向摆错了，即黑格的棋盘角放在了自己的右侧，应即把对局已走成的局面移置到另一块摆放正确的棋盘上，然后继续对局。

2. 在对局中，如果发现双方所用棋子颜色反了，先后走不符合比赛的编排规定，应交换棋子，重新开始对局。如此时比赛时间已过了第一时限所规定的1/4，则对局应继续进行。

3. 一方"将军"时，另一方未采取相应的"应将"措施而误走了其他着法，要及时纠正。被"将军"一方要重新选择"应将"的着法。但是，重走时误走的棋子如果可以"应将"，就必须用它来"应将"，只有在它无法"应将"的情况下，才能另用别的着法来"应将"。

以上发现的各种情况，要在对局过程中及时纠正。如果赛后才发现，那么对局的结果有效。

## • 做好记录

在规定要做记录的比赛中，双方在对局进行过程中，都要用竞赛规则规定的代数记录法在对局记录纸上逐着做好记录，包括自己的着法和对方的着法，都要记录，要求字迹尽可能地清晰可辨。可以走着以后记，也可以走着以前记，由棋手自行决定。

如果某一方棋手的棋钟上所剩时间离开时限已不足5分钟，这时可不做记录，待时限过去后，再用自己的时间补记完全。

对局记录上不要遮盖任何东西，应该使得裁判员能够看得清楚。

## • 用好棋钟

正规比赛一般都用棋钟计时，比赛规则规定，走出该走的一着棋之后，方能按钟，而且必须用走棋的同一只手按钟。比赛时，应当在规定的时限内走满规定的着数。发现棋钟指示有误或工作异常时，应当举手示意，请来裁判员及时解决。比赛开始前，应当观察棋钟钟面调得是否正确，如发现有误，应在赛前向裁判员提出，要求重新调好。

## • 提议和棋

比赛时不可连续地向对方提议和棋。一方提和时，如对方表示拒绝，必须等对方也提和一次以后，才可以再次提和。对于对方的提和可以用口头表示拒绝，也可以用走棋方式表示拒绝。提和必须占自己的走棋时间，即走出一步棋后向对方提出，并按下自己的钟。

## • 比赛禁例

1. 对局时棋手不得借助书本、棋谱或任何手写或印刷的资料，不得在另一个棋盘上分析棋局，也不得求助于第三者。

2. 比赛时，在记录纸上除了记录实际对局的着法和用时外，不得做笔记以帮助记忆。

3. 在对局和比赛时间内，不得在比赛室内进行棋局的分析。

4. 禁止以任何方式干扰或分散对方的注意力，包括不顾对方的拒绝一再提出和局的建议。

每个棋手在分析局势、对比实力以及进行子力兑换时，需要明确各种棋子的价值。一般以兵为计算单位。兵为1，马与象为3，车为5，后为9。王不能兑换不给定值。但是切记，这些分值怎么着也只能作为一个参考，它绝不是万能的。各种不同棋子的实际价值，依其所占空间位置、与其他棋子协同作战的关系以及局面形势，以至对局经历的阶段而发生实际的差异。比如兵冲到底线就可升格为后、马、车、象之一，当它接近底线时，价值可能明显升高数倍，相联的兵或并列的骈兵比重叠兵强，孤兵（或悬兵）在不同的发展中可能是弱点，也可能成为攻击的支柱，价值不同，象有好象与坏象之分，在残局中异色格象比同色格象容易和棋等。棋子的实际价值是变动价值。对这种种变化所作的估计和判断是制定不同的战略战术计划的基础。

## • 质差与补偿

兑换过程中棋子一般价值的损失（比如车换马、车换象、后换车马或车象），有时能换取主动权或在空间、形势、时间速度、子力协同方面取得一定补偿。这种补偿与质差相抵的得失，是估计局面、分析形势的重要因素。

## • 双象优势

每次双象控制不同色格，相互补充，协同作战。兑换其一必然削弱与该象同色格的控制，任对方子力驰骋其间，因此双象一般比马象、双马优越，不过并非一直如此。

## • 弃兵局

用牺牲兵为代价谋求出子速度和主动权的开局战略叫"弃兵局"。常见的弃兵局有中心弃兵、王翼弃兵、后翼弃兵等。

## • 兵形

兵的走法是直进斜吃。由此特点常形成后面的兵保护前面兵的"兵的链条"，以封锁对方从正面突击的道路。"兵链"中落在最后无兵保护的兵为落后兵，是"兵链"的弱点。这种落后兵如处在半开放线上就更易受攻击，它前面的一格常为对方占据。c4-d5-e4 这样的兵形为楔形兵。f7-g6-h7 这样的兵形为龙眼形或堡垒形。

- 战术组合

　　各种简单战术如捉双、闪击、闪将、牵制、半牵制、引诱、诱离、消除保护、截断、封锁、腾空格子、转让走子权、底线杀、闷杀，第 7 横排杀、破坏王前兵阵、强制兑换、兵升格、反击、过渡、等着等等的综合运用，是带有紧凑和强制特点的复杂连环计，常带出人意外地"弃"兵"弃"子性质，故有人称之为"连珠妙着"。

- 空间优势（地盘优势）

　　一方子力在棋盘中所占格子和所控制部位的数量上占优势，它与阵势结构的特点有关，是判断局面优劣和主动权的重要因素。

QI YI REN SHENG

## 等级称号和国际裁判 〉

国际象棋手如果在国际棋联规定的各种比赛中取得一定的成绩，可获得国际棋联所定的等级称号。在面对面比赛中的国际等级称号有：特级大师、国际大师、棋联大师、女子特级大师、女子国际大师等5种。

特级大师是最高级称号，须具备下列条件之一：

1.参加世界冠军挑战者对抗赛的任何棋手；

2.国际大师或棋联大师在局数总和不少于24局的比赛中，2次或2次以上获得特级大师的成绩，国际等级分至少为2450者。

72

具备下列条件之一可获得国际大师称号：

1.在局数总和不少于24局的比赛中，2次或2次以上获得国际大师的成绩，国际等级分至少2350者；

2.下列比赛的第1名：世界女子冠军赛、大区赛、世界青年冠军赛、欧洲青年冠军赛、美洲青年冠军赛、非洲青年冠军赛。

具备下列条件之一可获得棋联大师的称号：

1.在局数总和不少于24局的比赛中，2次或2次以上获得棋联大师的成绩，国际等级分至少2250者；

2.中学生（17岁以下）世界冠军赛的第1名；

3.在世界冠军赛的一个循环中比赛局数不少于13局，取得1次棋联大师的成绩。

具备下列条件之一可获得女子特级大师称号：

1.在局数总和不少于24局的比赛中，2次或2次以上获得女子特级大师的成绩，国际等级分至少2250者；

2.在女子世界冠军赛的一个循环中比赛局数不少于13局，同时取得1次女子特级大师的成绩。

具备下列条件之一可获得女子国际大师的称号：

1.在局数总和不少于24局的比赛中，2次或2次以上获得女子国际大师的成绩，国际等级分至少是2100者；

2.在世界冠军赛的1个循环中比赛局数不少于13局，同时取得1次女子国际大师的成绩。

国际象棋国际裁判的称号，由国际象棋联合会根据以下条件授予：

1.精通国际象棋比赛规则和国际棋联的棋赛规程；

2.作为裁判员表现出绝对的客观性；

3.至少掌握两种语言，其中一种必须是国际棋联的官方语言；

4.至少在4次重要的棋赛（指全国团体赛或个人赛，国际棋联的所有正式比赛、国际等级赛、国家与国家的对抗赛、不少于100名棋手参加的国际比赛）中担任过裁判长或副裁判长。

## 中国国际象棋发展

国际象棋虽源于亚洲，但是代表世界最高水平的国家却在欧洲，其中苏联在历届世界大赛中成绩突出。在中国，到1956年才被列入正式体育比赛项目。1957年举行了首届全国国际象棋赛。进入上世纪80年代后，我国涌现出一批国际象棋新秀，四川刘适兰，浙江吴敏茜、叶荣光，北京谢军等先后荣获国际特级大师称号。

# 最古老、普及的智力游戏——国际跳棋

跳棋是世界上最古老、最普及的智力游戏之一。关于跳棋的第一本书早在1531年就已经在威尼斯出版。在跳棋基础上发展起来的国际跳棋在许多国家受到欢迎。国际跳棋联合会已经有50多个会员国。

## 跳棋简史 〉

　　据史料记载，跳棋最早出现在古埃及、古罗马、古希腊。人们已经从古埃及的坟墓里找到下跳棋的画。在英国的博物馆里珍藏着古埃及的狮子和羚羊下跳棋的篆刻画。法国卢瓦尔存放着2个从金字塔附近挖掘出的大理石跳棋棋盘。古代跳棋传到欧洲、亚洲、非洲和北美洲，以后发生了一些变化。在许多国家形成了民族跳棋。棋盘的格数在大多数国家是64格，称为六十四格跳棋。但是在巴比伦为100格，称为百格跳棋。加拿大的跳棋为144格，双方各有30枚棋子。

## ● 起源

国际跳棋是由民族跳棋演变而来的。据说在 1723 年，居住在法国的一名波兰军官把 64 格跳棋改为 100 格。跳棋改成百格后，它被称为"波兰－法国跳棋""波兰跳棋"或"斯拉夫跳棋"。

## ● 发展

国际跳棋的第一届比赛是 1894 年在法国举行的，冠军获得者是法国的魏斯。当时采用的就是棋盘为 100 格的跳棋，叫作国际跳棋而不是棋盘为 64 格的

跳棋。国际跳棋比赛自 1894 年起举行过多次，魏斯是 1894 年至 1911 年的国际跳棋冠军。荷兰的 T·霍赫兰是 1912 年至 1924 年的国际跳棋冠军。1925 年法国的 C·比佐获得世界冠军。法国的 M·法布尔是 1926 年、1931 年和 1932 年的世界冠军。1928 年的世界冠军是荷兰的 Б·施普林格。法国的 M·赖亨巴赫是在 1933 年至 1938 年连续 6 次获得世界冠军。第二次世界大战以后国际跳棋的世界冠军有法国的 п·盖斯特玛（1945 年）、荷兰的罗曾堡（1948 年、1952 年）、加拿大的 M·德洛

里耶（1956年）、苏联的 B·谢格列夫（1960年、1964年）、苏联的 A·安德列科（1968年）、荷兰的塞布兰茨（1972年）、荷兰的 X·维尔斯马（1967年、1981年、1983年）、苏联的 A·甘特瓦尔格（1979年）、苏联的 B·维尔内（1984年）。女子和青年冠军有：苏联的 E·米哈依洛夫斯卡娅四次获得世界冠军；苏联的 A·巴利亚金和 B·维尔内都获得过世界冠军。1981年的里加女子国际跳棋比赛中，苏联棋手包揽了前3名。

国际跳棋着法简单，内容丰富，既有助于开发智力，又能培养顽强进取的精神。

## • 演变

苏联曾是国际跳棋强国，在和平年代里这个项目受到广泛重视，还作为一种体育锻炼项目在群众中推广，各个地方还设有国际跳棋学校，并出版了大量的具有指导性的读物。在学校、工厂、集体农庄之间常常举行比赛。在各个加盟共和国乃至全国也经常举行大规模的正规比赛。设有"共和国冠军"和"全国冠军"的光荣称号。为推动国际跳棋项目起了巨大的作用。

## 名人中的跳棋高手

国际跳棋由于变化甚多，内容丰富而吸引了许多名人。据李卜克内西讲，马克思是一名很好的跳棋手，几乎找不到自己的对手。由于他十分精通跳棋，赢他一盘很不容易。跳棋爱好者中的世界著名人物除马克思外，还有达尔文、拿破仑、苏沃洛夫、爱伦堡、卢梭和列夫·托尔斯泰和富兰克林等等。

达尔文

## 国跳入门 >

### • 棋盘

棋盘是由深浅两色间隔排列的 100 个小方格组成的正方形（即：10 小方格 ×10 小方格），深色的小方格里有阿拉伯数字的号码叫作棋位，号码是作为棋局记录使用的。

### • 棋子

棋子是圆柱型的，黑白棋子各 20 枚，棋子表面上有罗纹，这种棋子叫"兵"。

把兵翻过来（或两兵叠起来）就是"王"（兵跳到对方的底线升变为"王"或称为王棋）。

### • 棋子的原始摆放位置

行棋前，把棋盘摆在对弈者中间，双方面对棋盘的左下角是黑格，黑兵摆在 1 至 20 的棋位上，白兵摆在 31 至 50 的棋位上，对局开始执白棋者先行。

### • 走法

所有棋子均在黑格子中行走。

1. 兵的走法

只能向前斜走一格，不能后退。

2. 兵的跳吃

黑白两枚棋子紧连在一条斜线上，如轮到某一方行棋时，对方棋子的前后正好有一空棋位能跳过对方的棋子，那么就可以跳过对方的棋子把被跳过的棋子吃掉，并从棋盘上取下。

3. 兵的连跳

兵的连跳是跳过对方的棋子以后，又遇上可以跳过的棋子，那么就可以连续跳过去，把被跳过的棋子吃掉，并且从棋盘上一次取下。兵的走法是不能后退，但是遇到跳吃或连续跳时，可以退跳或吃子。

4. 兵的升变

对局开始前双方在棋盘上摆的棋子都是兵，兵在对局过程中，走到或跳到对方底线停下，即可升变为"王"，刚升变的王要到下一步才能享有王的走法的权力。

兵在对局过程中，走到或跳到对方底线没停下（即中途经过），不可以升变为"王"。

5. 王的走法

王的走法是：王在其位于任何一条斜

81

线上均可进退，并且不限格数。（类似国际象棋的象的走法）。

### 6. 王的跳吃

王的跳吃是王与对方棋子遇在同一斜线上，不管相距有几个棋位，对方棋子的前后只要有空棋位，那么王棋就可以跳过去吃掉对方的棋子，而且跳吃时要跳到对方棋子前后面的那一个空位里。

### 7. 王的连跳

王的连跳与兵的连跳的情况基本上相同，只是不限距离。

## • 吃子规定

### 1. 有吃必吃

凡有跳吃或连跳机会时，不管对自己是否有利都必须连续跳吃或跳过，尤其是王。如果有连跳的局面，必须将对方所有的棋子跳完，直到无可再跳时才能停下。

### 2. 吃多数棋子（必须吃多不能吃少）

如果有两条路线或2枚棋子都能吃对方的棋子，那么不管是否对自己有利，必须吃多的棋子。例如：同时在两条路线上

可以吃对方的棋子，一条路线上能吃3枚棋子，另一条路线上能吃2枚棋子，必须先跳吃3枚棋子的线路。按规则要求：黑方必须吃多数的棋子，轮到白方走则吃掉黑方的4枚棋子而最后获胜。

### 3. 土耳其打击

在连跳时，王或兵都必须将对方所有可能跳过的棋子跳完以后，才可以将对方被跳过的棋子从棋盘上一次性取下。一着棋连跳中既不允许跳一枚（棋子）取一枚（棋子），也不允许重复地2次跳过对方的同一枚棋子。利用这条规定形成的吃子方法叫作土耳其打击。

## • 棋局结束

1. 所有的棋子都被对方吃掉为负棋。

2. 残留在棋盘上的棋子，被对方封锁，无子可动为负棋。

3. 棋局进行到最后无任何可能战胜对方时为和棋。

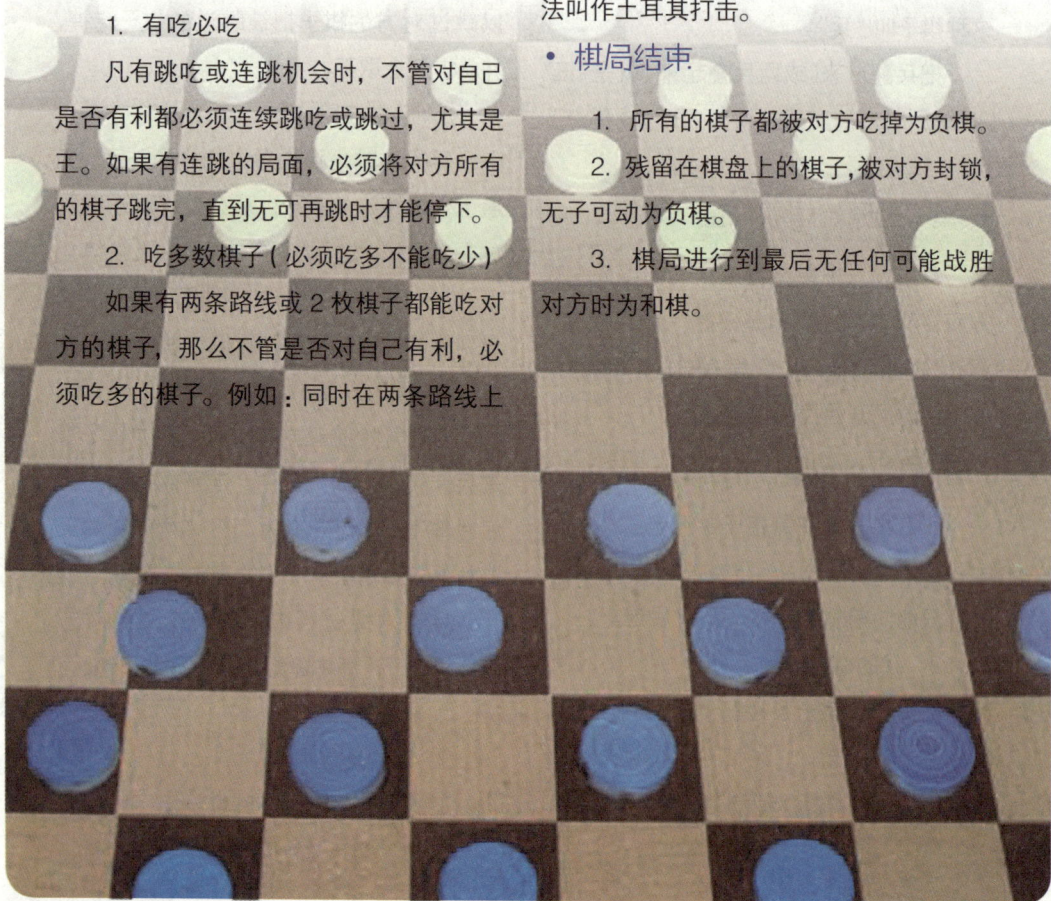

## 国跳意义 >

（国际特级大师、国家队总教练对国跳的评价）：

国际特级大师、国际跳棋国家队总教练叶荣光："只要我们的棋手善于从棋赛中汲取哲理和感悟，就有可能不断战胜困难，成为意志坚强、勇敢自信的人，就能真正走向世界！"

（世界棋类最发达国家的教育专家对国跳的评价）：

世界棋类最发达的国家俄、美、英、法、德的教育专家都曾经指出：国际跳棋经过4000年发展，棋子外形一致，仅为两色，升王容易处理，这与没有地域性专用文字或图形样式的局限有关，规则明晰，棋理深邃，名谱众多，趣味盎然，能迅速开发学生智力，培养学生意志和品性。积累丰富的比赛经验，达到临危不乱、冷静细致、精密计算，最后时刻在极其困难的局面下战胜对手的能力。儿童会因为喜欢此项活动，进取意识强烈，变得更爱思考，处事更加有大局观，做事变得有条理。

## 国际跳棋的鼻祖——跳棋 〉

　　跳棋是一种可以由2至6人同时进行的棋,棋盘为六角星型,棋子分为6种颜色,每种颜色10或15枚棋子,每一位玩家占一个角,拥有一种颜色的棋子。跳棋是一项老少皆宜、流传广泛的益智型棋类游戏。

　　跳棋的游戏规则很简单,棋子的移动可以一步步在有直线连接的相邻6个方向进行,如果相邻位置上有任何方的一个棋子,该位置直线方向下一个位置是空的,则可以直接"跳"到该空位上,"跳"的过程中,只要相同条件满足就可以连续进行。谁最先把正对面的阵地全部占领,谁就取得胜利。一玩就懂,一辈子都不会忘,所以几乎每个人从小到大都下过跳棋。在香港,跳棋被称为"波子棋"。

## • 发展历史

跳棋 1880 年在英国创立, 英文名称: Halma, ( 希腊文 "跳跃" 的意思 ), 最初的棋盘是正方形的, 共有 256 格, 开始时棋子分布在 4 个角落, 以最快跳到对角为目标, 规则和中国跳棋雷同。不久就有人改成星形棋盘, 由一间德国公司 Ravensburger 取得专利, 称为 Stern-Halma。上世纪 30 年代起在美国开始流行, 并改了 Chinese Checkers ( 中国跳棋 ) 的名字。当这种棋子传到中国时, 称为波子棋, 实质上跳棋并不是起源于中国。

## • 专用术语

一局跳棋, 可以分为开局、中盘、收官 ( 借用围棋术语 ) 3 个阶段。开局：一般指的是从双方棋子的出动到子的初步相互接触为止的过程, 一般在 10 步棋以内；中盘：是指双方的子力纠缠在一起, 争夺出路, 同时又给对方设置障碍的阶段；收官：是双方的棋子基本分开, 各自按自己的方式尽快进入对面的阵地。

• 游戏规则

　　"相邻跳"：棋子的移动可以一步步在有直线连接的相邻 6 个方向进行，如果相邻位置上有任何方的一个棋子，该位置直线方向下一个位置是空的，则可以直接跳到该空位上，跳的过程中，只要相同条件满足就可以连续进行。

　　"等距跳"：棋子的移动可以一步步在有直线连接的相邻 6 个方向进行，如果在和同一直线上的任意一个空位所构成的线段中，只有一个并且位于该线段中间的任何方的棋子，则可以直接跳到那个空位上，跳的过程中，只要相同条件满足就可以连续进行。

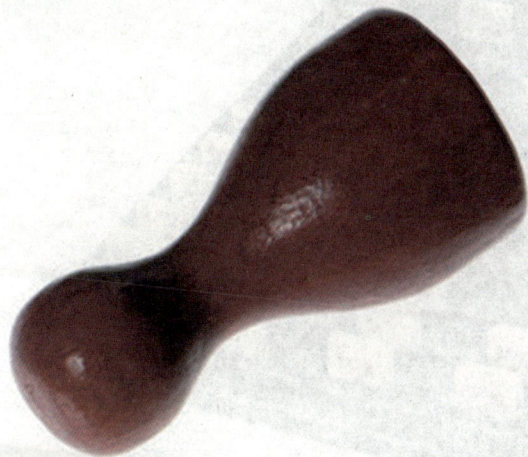

# ● 棋盘上的战争——军旗

军棋是我国深受欢迎的棋类游戏之一。当4人游戏时,4人在棋盘上分占4个角,分为两方,相对的两家联盟与另外两家对抗,互相配合战斗;两人游戏时,则分占棋盘的上下两角,相互作战。网络技术的发展给四国军棋带来了春天,一些网站相继推出支持在线游戏的四国军棋,越来越多的人加入四国大战,四国军棋风靡全国。国内还有一种从军棋演变而来的军棋,叫作国际军棋。

## 军棋诞生 〉

　　《大不列颠百科全书》中这样定义军棋：国际象棋的变种，1900年前后首先流行于英国。对弈双方各自有一棋盘，都不得看对方的棋盘和棋子。另有第三个棋盘置于中间，由裁判使用，不许对方看见，裁判根据双方各自的意见代为走棋，双方根据裁判所提供的有限情报着棋。陆战棋又被称为军棋。

　　文中未提及军棋的发明者，此外一些解释让人费解。如"第三个棋盘置于中间，由裁判使用"，"双方各自的意见代为走棋"，最初的军棋到底是什么样子呢。查找一些相关的英文资料，可以得知，军棋又被称为盲象棋，是由南非的一位叫Henry Michael Temple人于1899年发明的。他本人是一名国际象棋爱好者，因为自己的伙伴希望能玩一种反映战争的游戏，于是他借鉴国际象棋的棋子，发明了这种战争游戏。Kriegspiel的英文解释就是War Game.是象棋的一种变形，同时也是一种真正的具有公众观赏性的游戏。它使旁观者和下棋人共享其中的欢乐。军棋是一种成功的变形象棋。它和象棋最大的区别就是不允许看对方的棋子，更具有挑战性。

## 游戏规则 >

### · 字朝下摆

一种是字朝下摆的（也叫翻棋、明棋）

1. 军棋的棋子各方均有 25 个，分别为军旗、司令、军长各一；师长、旅长、团长、营长、炸弹各二；连长、排长、工兵、地雷各三。

2. 吃子规则：司令 > 军长 > 师长 > 旅长 > 团长 > 营长 > 连长 > 排长 > 工兵，小棋遇大棋被吃，相同棋子相遇，则同归于尽；工兵能排除地雷，其他棋子不能排雷；炸弹与任何棋子相遇时同归于尽。

3. 棋盘常识：棋盘上行走路线包括公路线和铁路线，显示较细的是公路线，任何棋子在公路线上只能走一步；显示为粗黑的为铁路线，铁路上没有障碍时，工兵可在铁路线上任意行走，其他棋子在铁路线上只能直走，不能转直角弯。棋子落点包括节点、行营、两个大本营。行营是个安全岛，进入以后，敌方棋子不能吃行营中的棋子。军旗和地雷不能移动。

4. 游戏开始时，玩家依次进行翻棋，首先翻出工兵者使用该工兵颜色的棋子，双方进行厮杀。

5. 获胜：杀光对方所有能移动的棋子则获得胜利；或者一方用工兵挖掉对方 3 颗地雷后再用工兵（只能用工兵）将对方的军棋扛到自己方的大本营，也能获得胜利；如果有一方被逼得无棋可走了，也判定该方输棋。

### · 立起来

还有一种是立起来的（暗棋、竖棋）。

字朝向自己的方向，以山界为界，在除了行营以外的格子里布阵。行走路线包括公路线和铁路线，显示较细的是公路线，任何棋子在公路线上只能走一步，显示为粗黑的为铁路线（不可停在前线）。铁路上没有障碍时，工兵可在铁

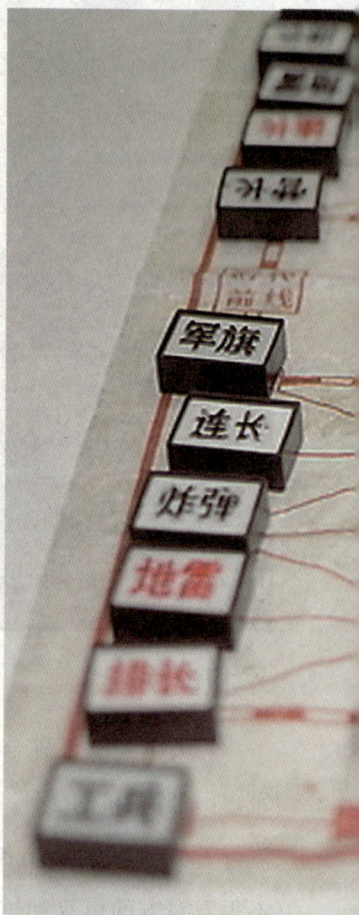

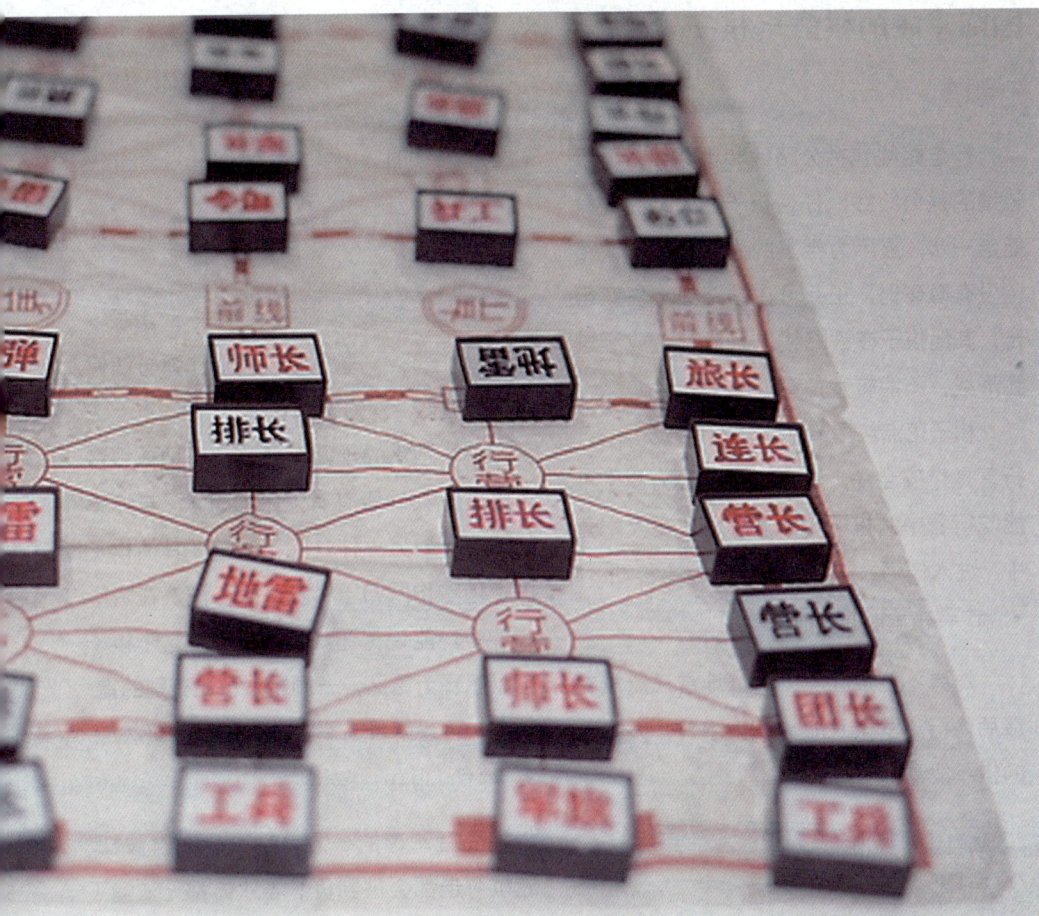

路线上任意行走，其他棋子在铁路线上只能直走或经过弧形线，不能转直角弯。棋子落点包括节点、行营、司令部，行营是个安全岛，进入以后，敌方棋子不能吃行营中的棋子，军旗必须放在司令部（大本营）中，进入任何司令部（大本营）的棋子不能再移动。工兵除了有挖地雷的能力，开局时还可以设置，工兵侦察能力，当工兵遇到敌方棋子时，敌方的的棋子将被所有玩家看见，但此时工兵也将消失。炸弹不能放在第一行，地雷只能放在最后两行，军旗只能放在司令部。吃子规则：司令 ＞ 军长 ＞ 师长 ＞ 旅长 ＞ 团长 ＞ 营长 ＞ 连长 ＞ 排长 ＞ 工兵；大子吃小子，如果子一样大，就一起消失。若总司令消失,亮出军旗。

炸弹与任何棋子相遇时，双方都消失。地雷不能移动，工兵可以吃它，炸弹撞地雷都消失，其余子撞地雷自己消失；军旗被对方扛走、无棋可走都会被判负；

工兵在铁路上可以走弯道。

91

## 国际军旗的棋盘与棋子 〉

### • 棋盘

行走路线包括公路线和铁路线，显示较细的是公路线，任何棋子在公路线上只能走一步，显示为粗黑的为铁路线，铁路上没有障碍时，工兵可在铁路线上任意行走，其他棋子在铁路线上只能直走或经过弧形线，不能转直角弯；

棋子落点包括节点、行营、两个大本营，行营是个安全岛，进入以后，敌方棋子不能吃行营中的棋子，军旗必须放在大本营中，进入任何大本营的棋子不能再移动。

### • 棋子布局的限制

炸弹不能放在第一行，地雷只能放在最后两行，军棋只能放在大本营，大本营的棋不能动。

### • 吃子规则

地雷小于工兵与炸弹，大于所有其他棋子；

司令 > 军长 > 师长 > 旅长 > 团长 > 营长 > 连长 > 排长 > 工兵；炸弹与任何棋子相遇时，双方都消失。

关于地雷的规则有两种，一种是地雷可以胜工兵外所有有生命的棋子，与炸弹同归于尽；另一种是除工兵外，其他棋子撞上地雷均同归于尽。这两种说法在实际战斗中均能说得通。前者，地雷这个棋子可以解释为雷区，一颗雷没了还有别的雷，后者，可以解释为军官趟雷开辟道路。

### • 胜负判决

最后幸存的一方为胜家，军旗被扛、无棋可走都会被判负；当双方都无法消灭对方或扛对方旗时为和棋。

### • 评价

有人认为，这种棋大吃小，此类游戏的玩法比较不与战争相符。但这玩法绝不是战斗，这是内部执行军法才会有的现象，其实，无论是象棋还是军棋，都有独自的特色与玩法。

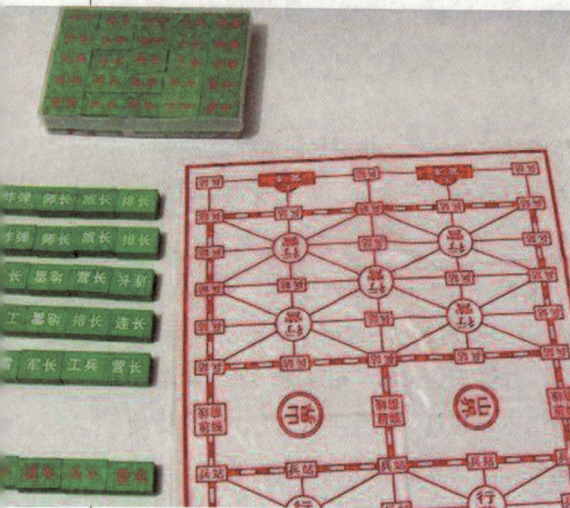

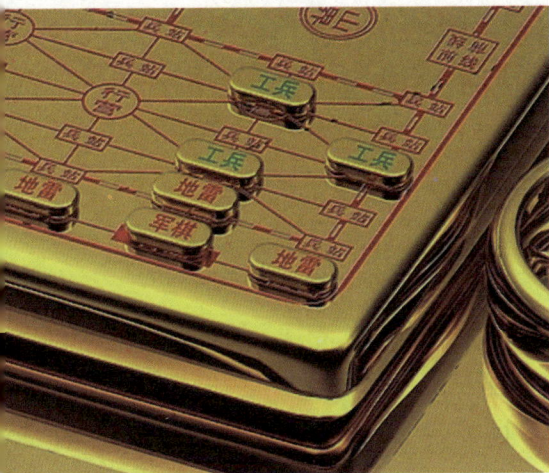

## 国际军棋的棋盘创作理念 >

从宇宙—地球—国与国—棋子与棋子—人与人的思维。

从宇宙到地球外，从地球外到国与国，从国与国到棋子与棋子；从棋子与棋子到人与人的思维。天地人合一。

棋盘如战场，对弈人为各国首脑，棋子为各国部队的兵种。国际军棋是一种理论与实践相结合的新军事、新兵法、新体育、新棋艺、新娱乐竞技项目。

是一种双方、三方或四方对阵的新的人类脑力智力运动项目和娱乐项目。棋子没有大小，谁都能克制谁，谁都可以吃掉谁。假如三人以上对弈：红方的王不能走棋或被吃，那么红方的棋子就被克制方使用，可以像打牌一样，三打一、二打二，也可各自为战。

## 各种角色 >

双方各有16枚棋子，由对局的双方各执一组。

双方兵种是一样的，分为8种：

• 红方

总统、卫队、弹队、舰队、机队、集团军、装甲师、步兵团。

红方有总统1个，步兵团3个，其他兵种各2个。

• 绿方

主席、卫队、弹队、舰队、机队、集团军、装甲师、步兵团。

绿方有主席1个，步兵团3个，其他兵种各2个。

• 白方

元首、卫队、弹队、舰队、机队、集团军、装甲师、步兵团。

白方有元首1个，步兵团3个，其他兵种各2个。

• 黑方

国王、卫队、弹队、舰队、机队、集团军、装甲师、步兵团。

黑方有国王1个，步兵团3个，其他兵种各2个。

其中总统、主席、元首和国王的作用完全相同。

## 国际军棋的具体走法 〉

### • 王的走法

王走中——即9个圆点组成4个正方形的中点和4条线的中点。走法即在总统府的虚线之内任意走。

卫队的走法：

卫走直——即9个圆点组成4个正方形的10条直线。走法即在总统府之内直线任意行走。忌走斜线。

弹队的走法：

弹隔子，打回址——空棋走法：在陆地和沿海直、斜、长、短都可以，空棋不可进入海洋。

吃棋方法是隔子吃子，相隔多少个都可以。打后没有被吃就可返回原址，假如自己棋子被吃就不能返回原址。为了保王，可弃弹保王。

### • 舰队的走法

舰走目——3个正方形组成目。走法即在3个正方形内走对角。在目字之内除了对方的导弹之外都可以跨越到对角吃子，无棋子可吃时不可跨越。在海洋和沿海吃子，棋子吃到哪就走到哪儿。吃陆地棋子时，如打后没有被吃就可返回原址。假如被对方吃掉就不可返回原址。

装甲师的走法：

师走日——2个正方形组成日。走法即在2个正方形内走对角。在3条路线中，假如线路都有棋子阻塞，棋子就不可走到对角或吃子。行棋必须有一条路线方可行走，忌斜线。

94

## • 机队的走法

机走三，可跨子——机走三：一次直斜走 3 格。不可跨越敌方导弹，其他都可跨越。

可跨子：3 个之内（可吃子可不吃子或走空棋）跨越任意行走。

集团军的走法：

军走二——前后左右直斜一次走 2 格。不可跨越棋子。不可出国作战。

## • 步兵团的走法

团走一 ——在国内前后左右直线走一格；出国后可前、可左、可右，不可后，进入总统府和在国内一样走法。

> **国际军棋歌**
>
> 陆海空，新战争，国际棋，来模拟。
> 总统卫，弹舰机，军师团，互克之。
> 王走中，卫走直，弹隔子，打回址。
> 舰走三方，师走两方，机走三，可跨子。
> 军走二，团走一，王若擒，兵归己。
> 知己彼，兵法计，一子动，顾全局。
> 学军棋，开智力，反战争，传友谊。

# ● 妙趣横生五子棋

　　五子棋是一种两人对弈的纯策略型棋类游戏,棋具与围棋通用,起源于中国古代的传统黑白棋种之一,发展于日本,流行于欧美。容易上手,老少皆宜,而且趣味横生,引人入胜;不仅能增强思维能力,提高智力,而且富含哲理,有助于修身养性。

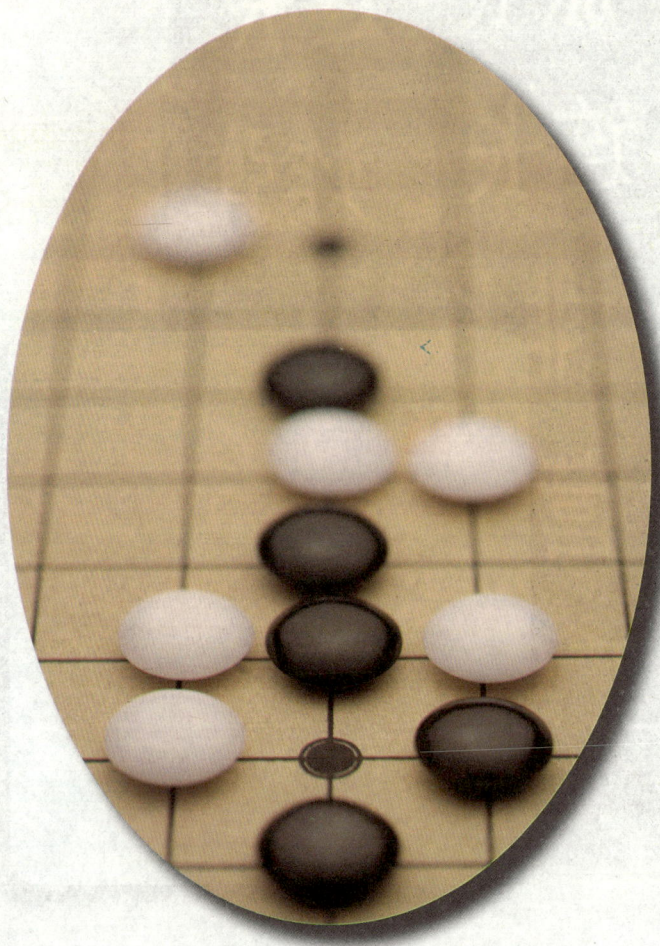

## 五子棋"爱称" 〉

五子棋，日文亦有"连五子、五子连、串珠、五目、五目碰、五格、五石、五法、五联、京棋"等多种称谓，英文则称之为"FIR (Five In A Row的缩写)、Gomoku(日语"五目"的罗马拼音)、Gobang、connect 5、mo-rphion"，捷克语piskvorky, 韩语omok……

许多国家的人对五子棋都有不同的爱称，例如，韩国人把五子棋称为"情侣棋"，暗示情人之间下五子棋有利于增加情感的交流；欧洲人称其为"绅士棋"，代表下五子棋的君子风度胜似绅士；日本人则称其为"中老年棋"，说明五子棋适合中老年人的生理特点和思维方式；美国人喜欢将五子棋称为"商业棋"，也就是说，商人谈生意时可边下棋边谈生意，棋下完了生意也谈成了。

古代棋盘

## 五子棋的起源与发展 〉

相传中华民族的祖先轩辕黄帝无意之中画下了17条横线10条竖线，这无意中的发明造就出了五子棋。早在公元595年古人就用瓷来烧制五子棋盘了。千百年来，人们用各种材质来制造围棋的棋子，如玻璃、瓷器、玉、玛瑙、铜等等。

古代五子棋棋盘与围棋棋盘是通用的，汉魏时为十七路（17×17）棋盘，至南北朝时即已流行十九路（19×19）棋盘，直至1931年，才出现所谓五子棋专用棋盘，如图所示，为十五路（15×15）棋盘，形状近于正方形，平面上画横竖各15条平行线，线路为黑色，构成225个交叉点，邻近两个交点的距离纵线约为2.5厘米，横线约为2.4厘米。棋盘正中一点为"天元"。棋盘两端的横线称端线，棋盘左右最外边的两条纵线称边线。从两条端线和两条边线向正中发展而纵横交叉在第四条线形成的4个点称为"星"。天元和星应在棋盘上用直径约为0.5厘米的实心小圆点标出。

99

五子棋相传起源于4000多年前的尧帝时期，比围棋的历史还要悠久，可能早在"尧造围棋"之前，民间就已有五子棋游戏。有关早期五子棋的文史资料与围棋有相似之处，因为古代五子棋的棋具与围棋是完全相同的。在上古的神话传说中有"女娲造人，伏羲做棋"一说，《山海经》中记载："休舆之山有石焉，名曰帝台之棋，五色而文状鹑卵。"李善注引三国魏邯郸淳《艺经》中曰："棋局，纵横各十七道，合二百八十九道，白黑棋子，各一百五十枚"。这段虽没明讲是何种棋类，但至少知道远古就以漂亮的石头为棋子。因而规则简单的五子棋也可能出自当时，并是用石子做棋子。《辞海》中亦言："五子棋中棋类游戏，棋具与围棋相同，两人对局，轮流下子，先将五子连成一行者为胜。"可见，五子棋颇有渊源。

在古代，五子棋棋具虽然与围棋相类同，但是下法完全不同。正如《辞海》中所言，五子棋是"棋类游戏，棋具与围棋相同，两人对局，轮流下子，先将五子连成一行者为胜"。

《辞海》

### • 日本

据日本史料文献记载，中国古代的五子棋先由中国传到高丽（今朝鲜），然后于公元 1688 年至 1704 年日本的元禄时代再从高丽传到日本，最初在皇宫和贵族大家庭中流行，到元禄末期开始在民间盛行。1899 年，对传统五子棋进行规则改良后，经过公开征名，"联珠"这一名称才被正式确定下来。取意于《汉书·律历志上》中"日月如合璧，五星如联珠"一句。现写做"连珠"。

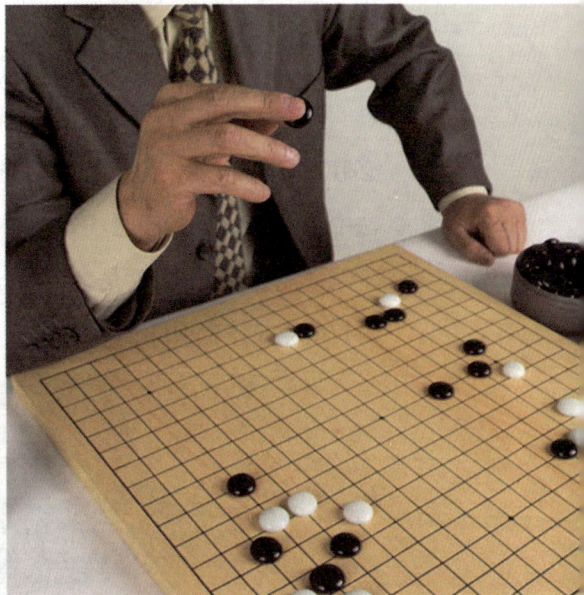

### • 欧洲

20 世纪初传统五子棋及连珠从日本传入欧洲。五子棋英译为"Five In A Row"（缩写为 FIR），汉语拼音"wǔ zǐ qí"，同时根据日语的罗马拼音，把"五目、五目碰"英译为"Gomoku、Gobang"，"连珠"英译为"Renju"。

1958 年以及 1979 年，瑞典和苏联分别成立了连珠联盟。1988 年，日本、苏联以及瑞典 3 个国家的连珠组织在瑞典成立国际连珠联盟 (Renju International Federation，简称 RIF)。

20 世纪 90 年代欧洲一些国家将传统五子棋引入"交换"等规则后，经过发展逐渐形成一系列的 Gomoku 新规则，中欧一些国家成立了 Gomoku 组织，并和六子棋共同成立了国际联盟（GCIF）。

## 五子棋的原理与思维 〉

随着五子棋的发展，逐步发现先行优势非常大，最后得出"先行必胜"。五子棋要成为竞技运动，核心问题是怎样解决传统五子棋下法中"先行必胜"的问题。

"竞技五子棋"就是参赛双方以棋盘和棋子为介体，进行智力性对抗的竞技体育项目。

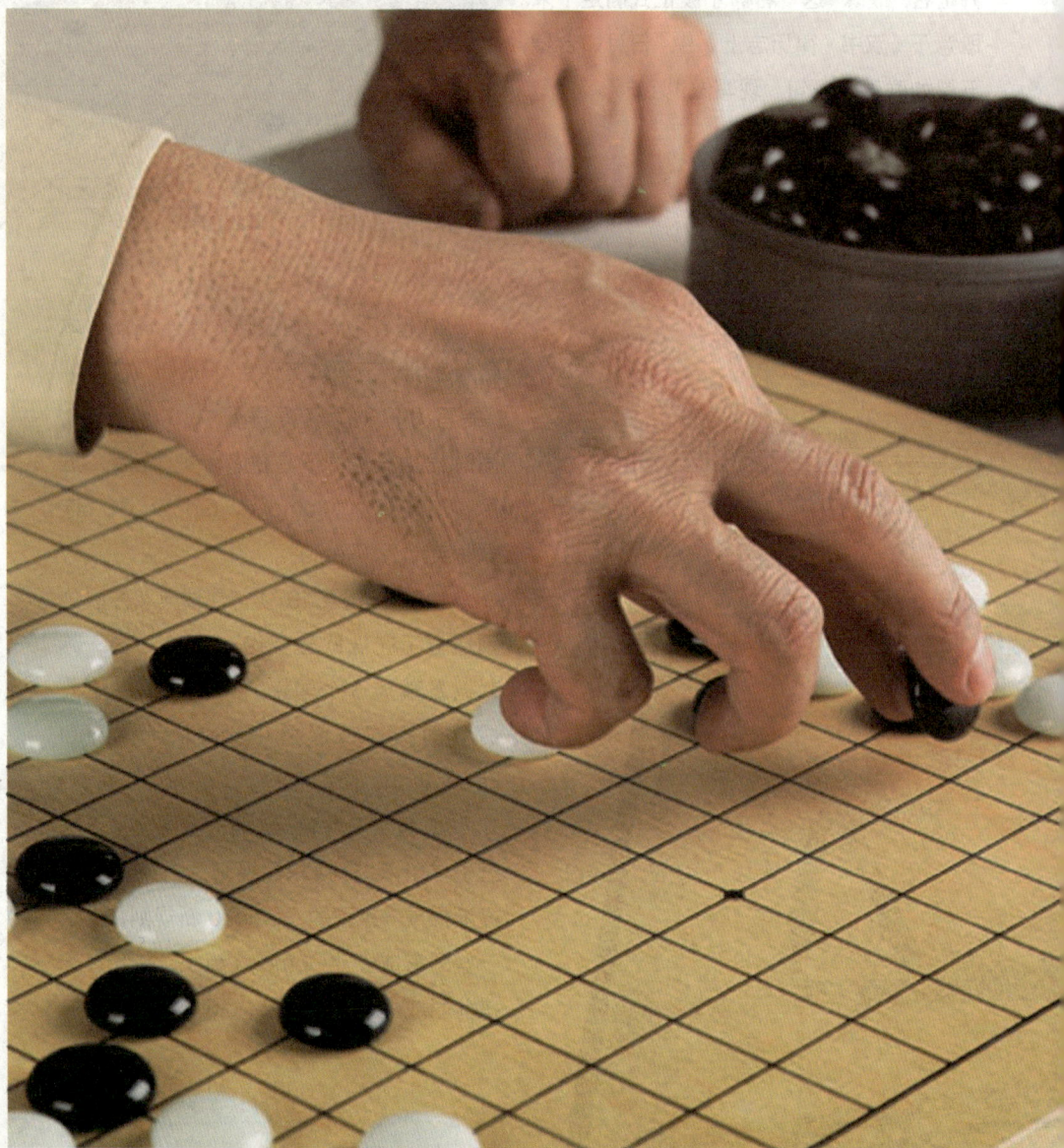

## • "交换"思维

"交换"思维有个形象的比喻：一个人切蛋糕，一个人选蛋糕。即：一人开局，另一人选择黑方还是白方。此方法最为公平、最有效率，且最为简洁实用。不过此方法使开局者不走已知的必胜，把棋艺的较量演化为对局者开局的博弈，而"必胜开局"依然存在。

如：欧洲的 Swap2、Swap1；中国的 Swap3、一手交换规则等。

## • "禁手"思维

禁止以某种手段取胜。为了平衡先后手之间的差距，削弱先手优势，日本连珠提出"禁手"。后来连珠的发展证明禁手并不能平衡先后手之间的差距，依然是"先行必胜"。

## • "泡沫"原理

像泡沫一样会破灭。如"吃子"五子棋。连成 5 个后消失，同时拿掉对方一个棋子，自己再补一子。此原理的特点是：把五子棋金球制改成了"进球制"，同时也最大效率地利用了棋盘和棋子，带来了全新的思维。问题是怎样计算胜负。

## • "井字游戏"原理

井字游戏又叫圈叉棋，圈叉棋是和棋，原因是空间很小。

通过缩小棋盘来抑制五子棋先行的优势。如 15 路棋盘、13 路棋盘等等。问题是多大的棋盘才能是和棋，知道和棋后还能成为竞技运动吗。

## • "跷跷板"原理

五子棋始终是先行领先一子。如果双方轮流领先一子呢？

台湾教授发明的六子棋，就如"跷跷板"一样。先行先下一子，然后双方轮流下两子，先连成 6 子者胜利。六子棋为第 11 届奥林匹亚计算机游戏程序竞赛项目，验证其公平性与复杂性。

## 数学思考 〉

可能很少有人注意到,五子连珠游戏其中包含着一个极为深刻的数学问题。为什么不是四子连珠,或者是六子连珠?你可能会说,四子连珠,那就太容易啦,下几步就胜了。而六子连珠呢,则太难了,谁也别想连成。这就说明,五子连珠极可能是一个最佳攻守平衡值,一个达成连珠的最大值。增一子、减一子都会打破这个平衡。四子连珠太易,攻方处于绝对优势;而六子连珠太难,守方处于绝对优势。而游戏规则必须是让游戏双方处于平等的位置才可能进行,否则游戏就不成为游戏。要想黑白棋连珠成为一种符合游戏规则的智力游戏,五子连珠无疑是一个最佳方案。中华民族的祖先在发明五子连珠的过程中,猜想肯定也不是一蹴而就,而是极可能经历了四子连珠、六子连珠的尝试过程,最后才确定为五子连珠,并流行开来。

这个问题,被当代科普作家傅小松称之为五子连珠问题,又称五子连珠猜想。其准确表述是:

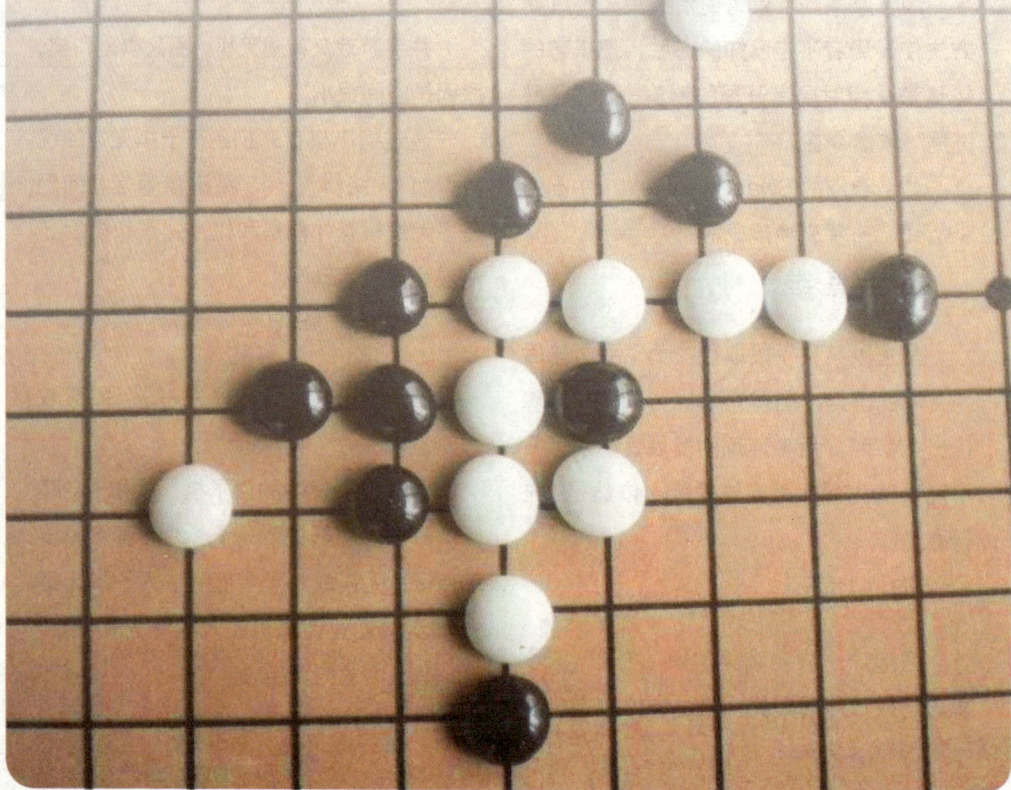

在以横线、竖线互相交叉（一般各为15条）的方形平面（棋盘）中，黑白两种"点"（棋子）先后沿横线、竖线排列（行棋），在平面（棋盘）横线、竖线、斜线（无实线连接）上形成连续的同色"点"（棋子），五个"点"（棋子）为可能达成连珠的最大值。

五子连珠是黑白棋连珠的一个最佳方案，这在实际中早已不会有人怀疑。并且，五子连珠已经存在并发展了几千年，成为了一种趣味性强，同时技巧比较复杂、竞争激烈的棋类游戏，与围棋、国际象棋、中国象棋的巧妙性、复杂性也有一拼。这似乎足以证明五子连珠的最佳性。但从科学真理的角度看，10000次实践的证明也不能代替逻辑和数学上的证明。要确定五子连珠是黑白棋连珠的一个最佳方案，五子连珠是一个最佳值、最大值，必须进行数学上的证明。

"五子连珠问题"的证明可能非常复杂，这是因为，第一，它不是一个静态的问题，而是一个动态的问题。棋盘是一个静态的二维平面，但行棋博弈是一个动态的过程。第二，这不是一个线性和确定性的问题，而是一个非线性和模糊性问题。所谓"五子连珠"的最佳值，是在千变万化的攻与防中达到的一种默契。因此，要解决"五子连珠猜想"，可能要运用到博弈论、模糊数学等工具。

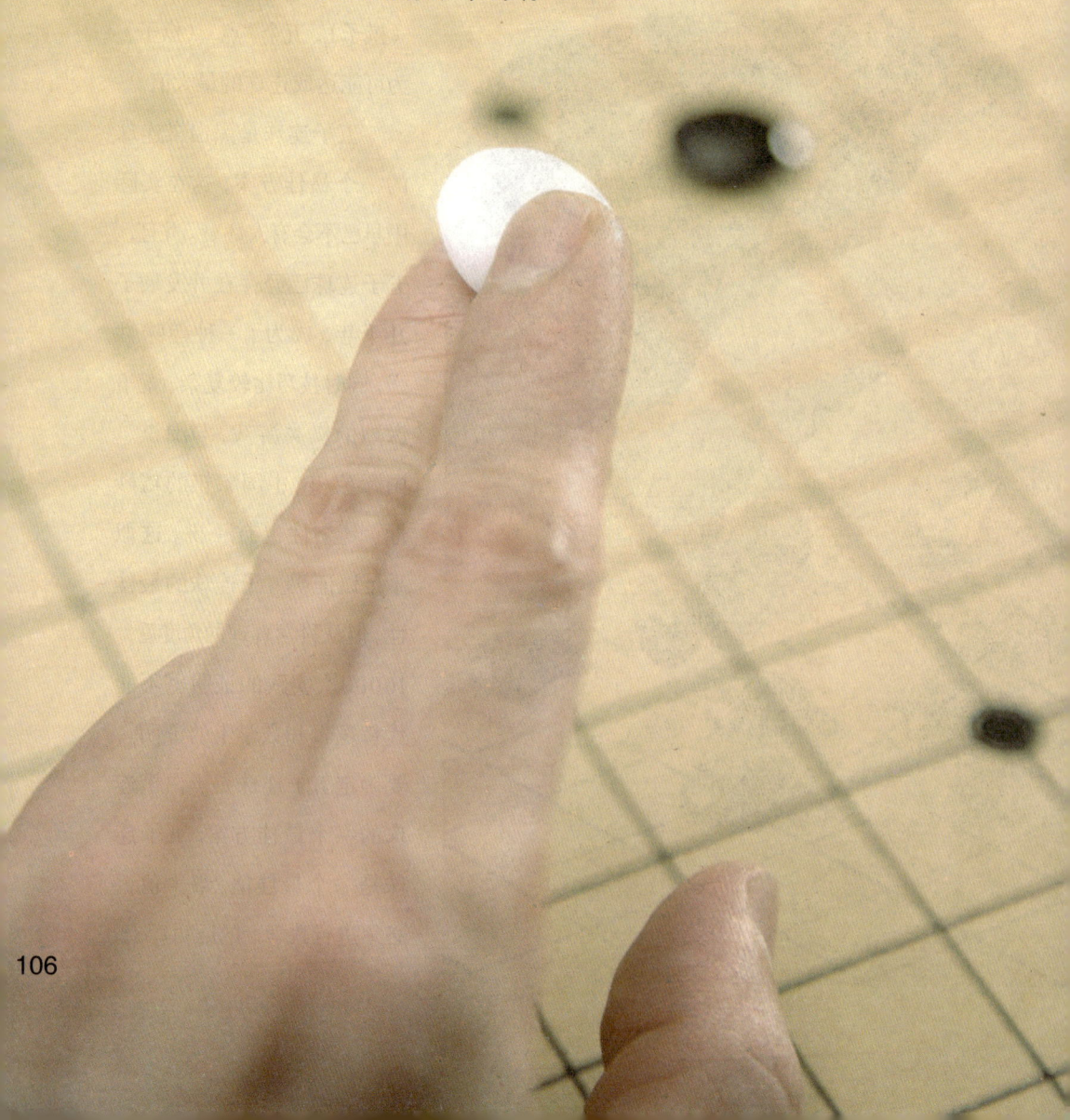

## 段级位制 >

五子棋的段级位对象：参加中国棋院认可的国内外五子棋比赛的五子棋爱好者。

第四条段位共分9个等级，最高是九段，以下分别是八段、七段、六段、五段、四段、三段、二段、初段。段位以下共分10个等级，最高是一级，以下分别是二级、三级、四级、五级、六级、七级、八级、九级、十级。

第五条根据中国五子棋爱好者在国内、国际交流中所体现出来的实际水平，在五子棋段级位制度实施初期，对爱好者授予的最高段位暂定为六段。随着中国棋手参与国内外交流机会的增加和技术水平的提高，逐步增加所授予段位的上限，直至九段。

在中国，获得段级位的主要渠道是通过比赛。在全国五子棋邀请赛等国内大赛中获得一定名次，即可获得相应段位。

## ● 黑白棋，简单还是复杂?

黑白棋，又叫反棋、奥赛罗棋、苹果棋或翻转棋。黑白棋在西方和日本很流行。游戏通过相互翻转对方的棋子，最后以棋盘上谁的棋子多来判断胜负。它的游戏规则简单，因此上手很容易，但是它的变化又非常复杂。有一种说法是：只需要几分钟学会它，却需要一生的时间去精通它。

## 黑白棋起源 ❯

黑白棋是19世纪末英国人发明的。直到上个世纪70年代日本人长谷川五郎将其进行发展和推广,借用莎士比亚名剧奥赛罗为这个游戏重新命名,也就是现在大家玩的黑白棋。为何借用莎士比亚名剧呢? 是因为奥赛罗是莎士比亚一个名剧的男主角。他是一个黑人,妻子是白人,因受小人挑拨,怀疑妻子不忠,一直情海翻波,最终亲手把妻子杀死。后来真相大白,奥赛罗懊悔不已,自杀而死。黑白棋就是借用这个黑人白人斗争的故事而命名。

木质圆形黑白棋

## 中国黑白棋 〉

中国最早出现黑白棋是在20世纪80年代的任天堂游戏机和苹果II个人电脑游戏里，但从那时一直玩到现在的人已经寥寥无几了，我们只能说，从那时起，中国第一次出现了黑白棋；然后就是1990年的Windows 3.0的推出，当时Windows自带的游戏就是黑白棋，由于当时电脑还比较少，没等到黑白棋传开，Windows 3.1推出，把自带游戏换成大家见到的踩地雷

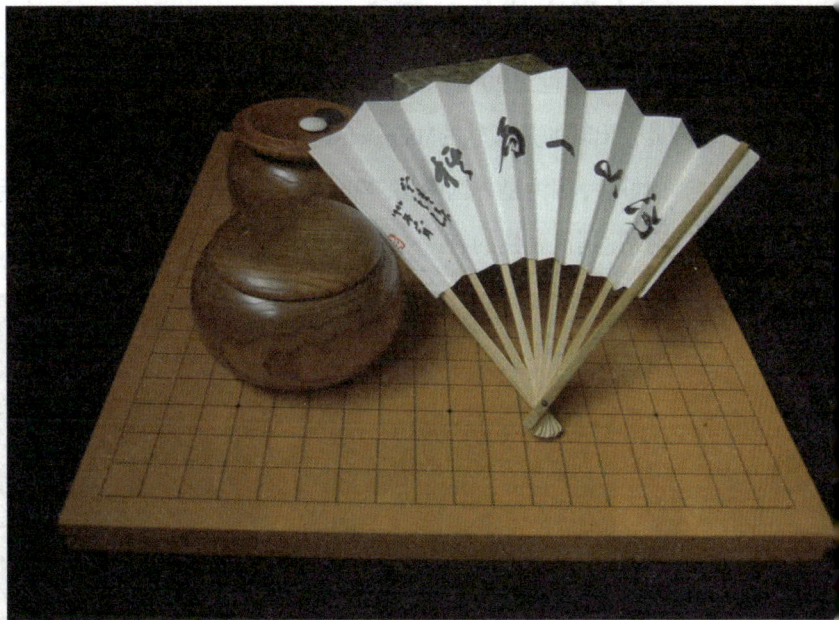

和接龙；让大量人认识黑白棋的是文曲星，文曲星的黑白棋棋力很低，行棋死板，通常在掌握规则及翻棋技术以后就可以轻易把它打败，棋力之低简直可以说是误人子弟的地步，让人一叶障目，不见森林，以为黑白棋不过尔尔；在上世纪90年代中期流行的任天堂Gameboy当中也有一款黑白棋游戏，棋力甚为不错，比起以上提及的游戏强很多。黑白棋真正发展起来还是在互联网普及以后(下述：网上黑白棋的兴起)，黑白棋作为一种经典的策略性游戏，受到了广大网友，特别是得到了希望锻炼智力的网友的喜爱。

111

## 网上黑白棋的兴起 ＞

在上世纪90年代中期互联网开始普及，亦冒出了一些大型游戏网站。最先出现的是微软的Microsoft Games网站，被吸引进去下黑白棋的都是各国的好手，因为是外国网站，当时下棋的华人还是比较少。之后纷纷出现其他网站，具代表性的有：

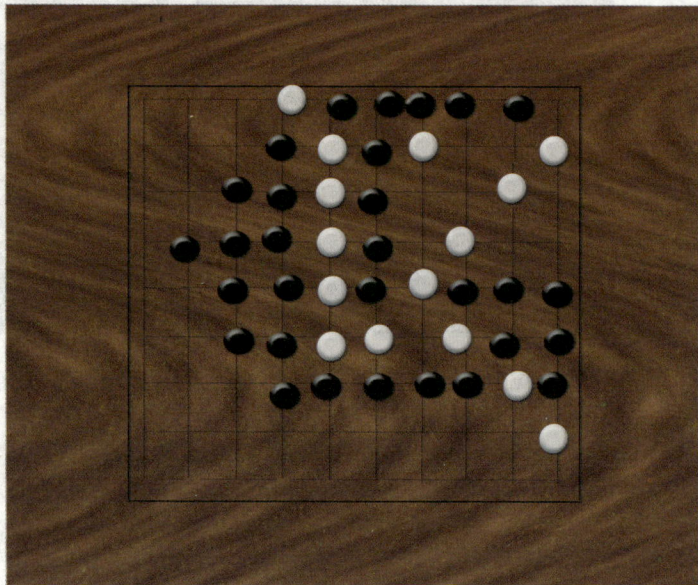

多国棋手网站：Playsite、VOG、Yahoo! Games、新浪网、Kurnik(现为PlayOK)。

以香港棋手为主：Cybercity

以台湾棋手为主：宏碁戏谷、CYC游戏大联盟。

以大陆棋手为主：QQ黑白棋、Chinaren、联众世界、中国游戏中心、边峰网络游戏，一起玩唐人游游戏

纯学术性网站：IOS(现为GGS)

值得一提的是微软的Windows XP里自带了网络黑白棋，由于XP的普及让很多电脑初学者第一次尝试真人对战。现今在搜寻引擎能找到的下棋网站已多不胜数。

## 棋具与棋规 ❯

### • 棋子

黑白棋棋子每颗由黑白两色组成，一面白，一面黑，共 64 个（包括棋盘中央的 4 个）。棋子呈圆饼形。

### • 棋盘

黑白棋棋盘由 64 格的正方格组成，游戏进行时棋子要下在格内。棋盘可分为"角""边"以及"中腹"。现今的棋盘多以 8x8 较为普遍。

### • 棋钟

正式的比赛中可以使用棋钟对选手的时间进行限制。非正式的对局中一般不使用棋钟。

### • 游戏规则

黑白棋的棋盘是一个有 8×8 方格的棋盘。下棋时将棋下在空格中间，而不是像围棋一样下在交叉点上。开始时在棋盘正中有两白两黑 4 个棋子交叉放置，黑棋总是先下子。

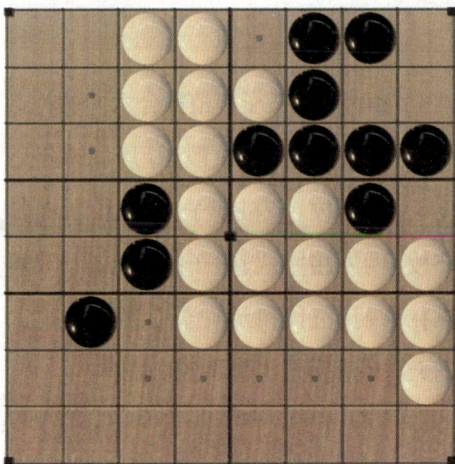

### • 下子的方法

把自己颜色的棋子放在棋盘的空格上，而当自己放下的棋子在横、竖、斜 8 个方向内有一个自己的棋子，则被夹在中间的全部翻转会成为自己的棋子。并且，只有在可以翻转棋子的地方才可以下子。

### • 棋规

1. 黑方先行，双方交替下棋。

2. 一步合法的棋步包括：在一个空格新落下一个棋子，并且翻转对手一个或多个棋子。

3. 新落下的棋子与棋盘上已有的同色棋子间，对方被夹住的所有棋子都要翻转过来。可以是横着夹，竖着夹，或是斜着夹。夹住的位置上必须全部是对手的棋子，不能有空格。

4. 一步棋可以在数个方向上翻棋，任何被夹住的棋子都必须被翻转过来，棋手无权选择不去翻某个棋子。

5. 除非至少翻转了对手的一个棋子，否则就不能落子。如果一方没有合法棋步，也就是说不管他下到哪里，都不能至少翻转对手的一个棋子，那他这一轮只能弃权，而由他的对手继续落子直到他有合法棋步可下。

6. 如果一方至少有一步合法棋步可下，他就必须落子，不得弃权。

7. 棋局持续下去，直到棋盘填满或者双方都无合法棋步可下。

# ● 运气与智慧并存

## 双陆棋 〉

　　双陆棋由一块双陆板和30枚双陆子组成，木板的两个长边各有一排12个"梁"标，左右各六，因名双陆。双陆棋是一种供两人对弈的棋盘游戏，棋子的移动以掷骰子的点数决定，首位把所有棋子移离棋盘的玩家可获得胜利。游戏在世界多个地方演变出多个版本，但保留一些共通的基本元素。在游戏中，每位玩家尽力把棋子移动及移离棋盘。每次掷骰子时，玩家都要从多种选择中选出最佳的走法。双陆棋中虽然有一定的运气成分，但同时策略也相当重要，因此，双陆棋在欧美桌游和益智游戏圈内十分流行。

## 历史由来 〉

　　双陆棋源于古代伊朗，约在魏晋时传入中国，隋唐至金元盛行。辽宁博物馆藏有完整一套双陆棋，是我国唯一的古代实物。

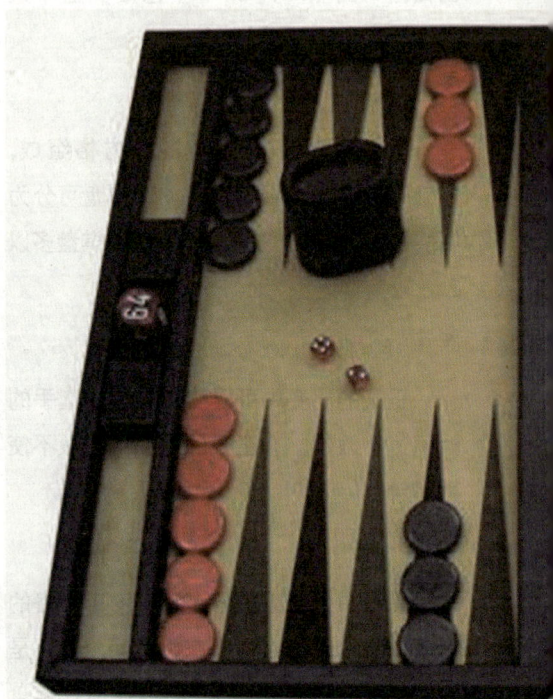

　　中国古代的双陆棋是一种竞技棋戏，相传是在由印度传入的波罗塞戏基础上，由曹魏时王子曹植糅合六博的特点而创设的，初期有2枚骰子，唐朝末年后逐渐加到6枚。双陆棋子为马形，黑白各15枚，两人相博，掷骰子按点行棋。双陆棋在唐朝、五代和元朝曾风靡一时，连武则天与后唐明宗也喜欢下双陆棋。

114

据《唐国史补》、宋元话本小说《梁公九谏·第六谏》《狄仁杰传》《天中记》《渊鉴类函》记载，武则天梦见下双陆棋。"武后尝问狄仁杰云：'朕昨夜梦与人双陆，频不见胜，何也？'对曰：'双陆输者，盖为宫中无子，是上天之意。假此以示陛下，安可久虚储位哉？'"

但明朝和清朝时，由于麻将和象棋的出现，使得下双陆棋的人数逐渐减少，最终导致双陆棋在清朝中叶失传。

麻将

115

## 西方发展 〉

西方的双陆棋起源于大约公元前3000年古埃及的一种游戏——Senet，此外古罗马人也曾玩过一种类似双陆棋的游戏。11世纪时，双陆棋传到法国，很快成为赌徒们最喜爱的游戏，以至于路易九世在1254年颁布了一项法令，禁止官员们下双陆棋。12世纪时，双陆棋传到德国，13世纪时传到了冰岛，17世纪时还传到了瑞典，当时在瑞典的一艘沉船里发现了一个木制的双陆棋棋盘和一些棋子。19世纪时，随着西方列强大量建立殖民地，双陆棋传遍了全世界。至今双陆棋仍风行于西方社会，这个游戏适合两人对弈，各自执一黑一白15个棋子，游戏有一个固定的开始摆设方式，双方各有一个杯子装2个骰子，为求公平只能由手持杯子掷骰子，双陆棋一般使用的棋具外观优美，由于在双陆棋中技巧

双陆棋游戏桌

十分重要，但同时也有运气因素，因此适合酌彩。

在英语和绝大多数欧洲语言中，双陆棋一词为"backgammon"，"back"是"后退"的意思，而"gammon"在中古英语中则有"游戏"的意思。该词最早在1650年的牛津英语词典中出现。

## 棋盘和棋子 〉

双陆棋是两位玩家玩的游戏，该游戏使用一个棋盘，所用的棋子被称为宝

石。每个玩家有 15 颗同种颜色的宝石，它们沿着棋盘上的 24 个棋格放置。棋格都有连续的编号。棋盘由位于其中心的横木分成两半。

在棋盘右侧，你可以看到点数计算。这是将你的宝石移进自己的领地并将它们收藏起来所需要走的棋格总数。游戏开始时，每位玩家的点数计算都显示为 167 个棋格。点数计算显示每位玩家变化的点数计算。

## 失传原因 〉

据传说，大清乾隆年间，由于民间多用这种棋进行赌博，乾隆皇帝下旨，禁止了双陆棋这种游戏。于是在中华大地上绵延数千年的双陆棋至此逐渐消失。

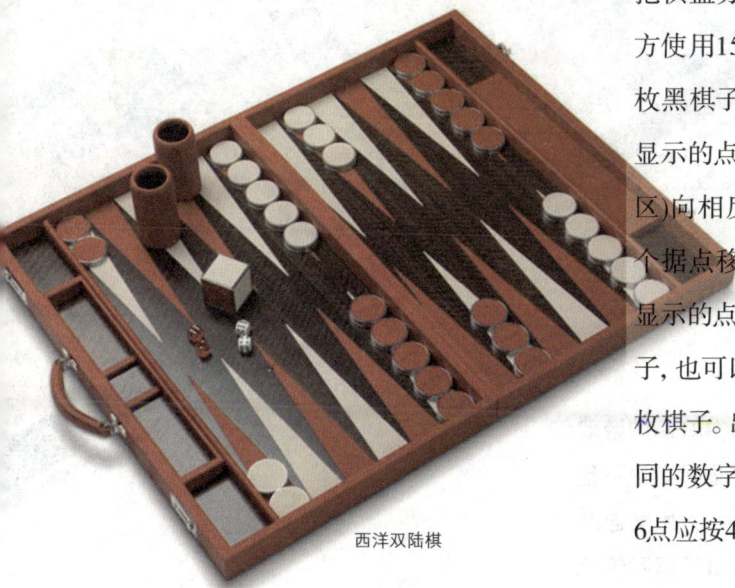

西洋双陆棋

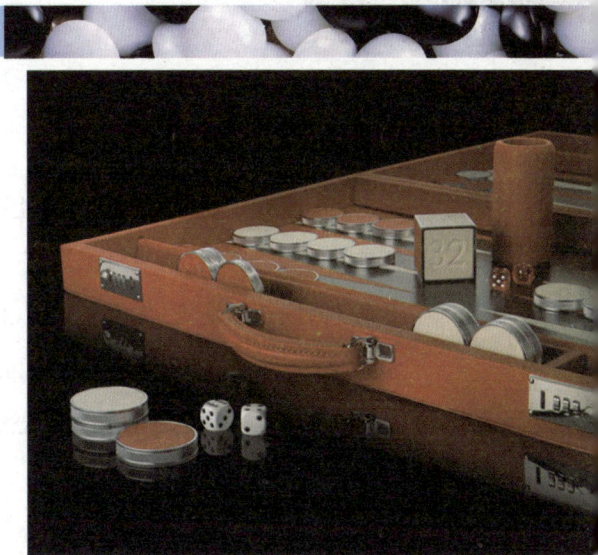

## 西洋双陆棋规则 〉

西洋双陆棋供两人玩。棋盘分为4部分，或称4大区。每部分用黑、白颜色交替标出6个楔形狭长区或小据点。有一条称作边界的垂直线把棋盘分成内区和外区。比赛时一方使用15枚白棋子，另一方使用15枚黑棋子。双方根据其所投骰子上显示的点数，从各自的内区(亦称本区)向相反方向从一个据点到另一个据点移动自己的棋子。两枚骰子显示的点数可分别用来移动两枚棋子，也可以把它们加起来去移动一枚棋子。出现对麼(骰子显示两个相同的数字)时，加倍计算；例如两个6点应按4个6点计算。

117

## 飞行棋 >

飞行棋是由4种颜色组成的,上面画有飞机的图形,最多可以4个人各拿一种颜色一起玩。飞行棋里有一个骰子,你只要转动骰子,骰子停下来的时候正面是几,你就走几步。但是刚开始时只有投到6,你的飞机才能起飞,并且投到6你还有机会再投一次。特别说明的是,到终点时走的步数要正好到达才算胜利,不然要返回来走。

## 基本规则 >

• 起飞

只有在掷得6点后,方可将一枚棋子由"基地"起飞至起飞点,并可以再掷骰子一次,确定棋子的前进步数;在改进的规则中,只要掷得5点以上的点数就可以起飞(掷得5点时不能再掷)。

• 连投奖励

在游戏进行过程中,掷得6点的游戏者可以连续投掷骰子,直至显示点数不是6点或游戏结束;改进规则中,如果连续3次掷得6点,则己方所有棋子返回停机

坪（包括已经到达终点的棋子），且不得再次投掷骰子。

- 叠子

　　己方的棋子走至同一格内，可叠在一起，这类情况称为"叠子"。敌方的棋子不能在叠子上面飞过；当敌方的棋子正好停留在"叠子"上时，敌方棋子与2架叠子棋子同时返回停机坪。若其他游戏者所掷点数大于他的棋子与叠子的相差步数，则多余格数为由叠子处返回的格数；但当其他游戏者所掷点数是6而且大于他的棋子与叠子的相差步数时，那么其它游戏者的棋子可以停于叠子上面，但是当该游戏者依照规则自动再掷点的时候，服务器自动

走刚才停于叠子上面的棋子。如果棋子在准备通过虚线时有其他棋子停留在虚线和通往终点线路的交叉点时：A、如果对方是一个棋子，则将该棋子逐回基地，本方棋子继续行进到对岸；B、如果对方是两个棋子重叠则该棋子不能穿越虚线，必须绕行。

　　改进规则中，敌方棋子可以飞越叠子；当敌方棋子正好停留在叠子上方，则该格叠子全部返回停机坪而敌方棋子不需返回，面对虚线上的叠子同理。

- 撞子

　　棋子在行进过程中走至一格时，若已有敌方棋子停留，可将敌方的棋子逐回基地。

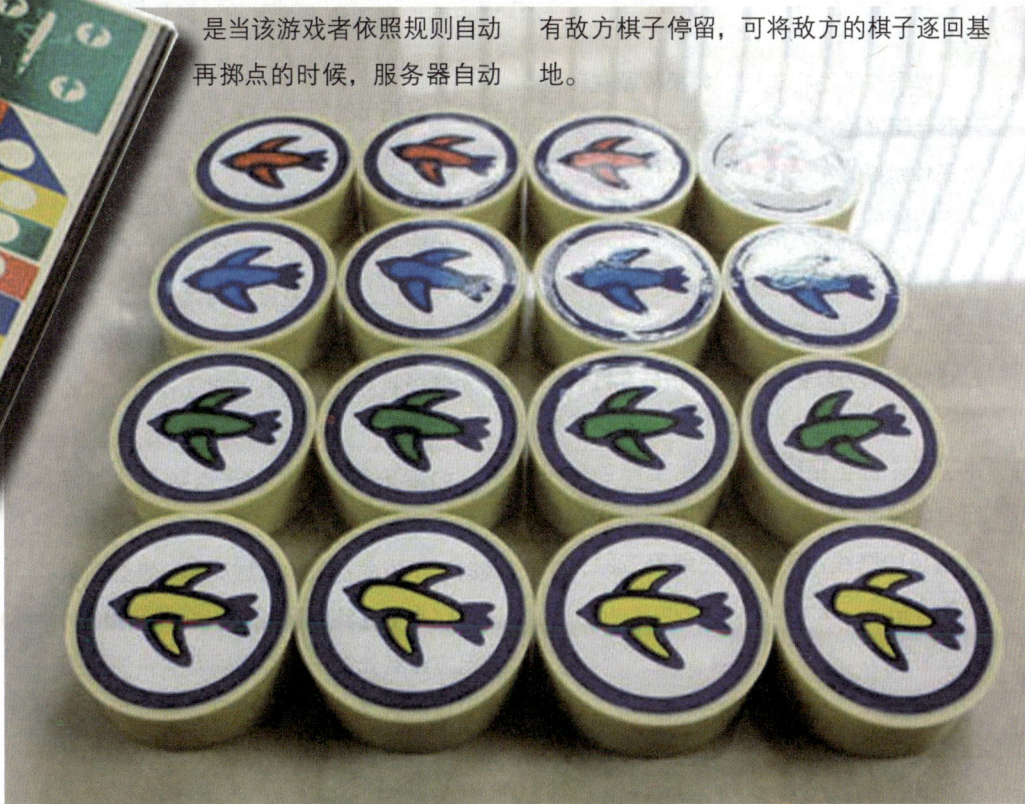

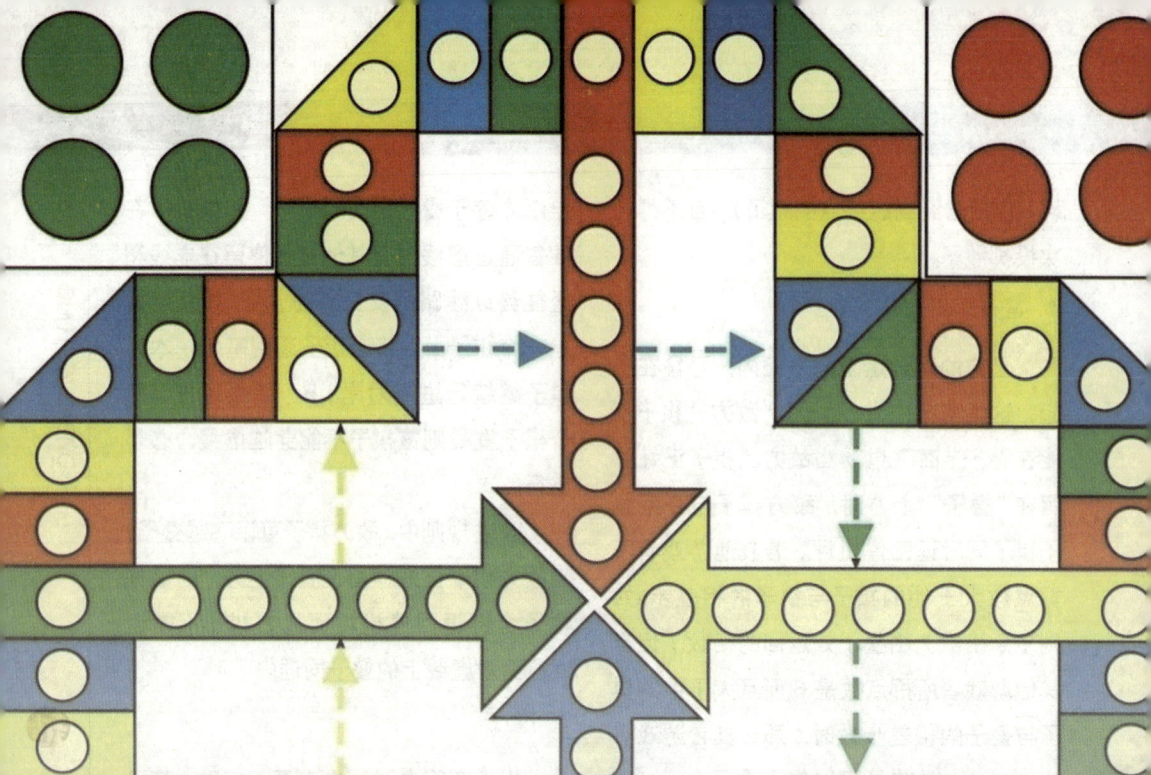

- **跳子**

　　棋子在地图行走时，如果停留在和自己颜色相同格子，可以向前一个相同颜色格子作跳跃。

- **飞棋**

　　棋子若行进到颜色相同而有虚线连接的一格，可照虚线箭头指示的路线，通过虚线到前方颜色相同的一格后，再跳至下一个与棋子颜色相同的格内；若棋子是由上一个颜色相同的格子跳至颜色相同而有虚线连接的一格内，则棋子照虚线箭头指示的路线，通过虚线到前方颜色相同的一格后，棋子就不再移动。

- **终点**

　　"终点"就是游戏棋子的目的地。当玩家有棋子到达本格时，表示到达终点，

不能再控制该棋子。传统飞行棋规则里，玩家要刚好走到终点处才能算"到达"，如果玩家扔出的骰子点数无法刚好走到终点处，多出来的点数，棋子将往回走。

　　关于终点，还有以下几种改进规则：

　　如骰子点数多过于到终点的格数，也不需要后退，可以直接胜利返回。

　　如果棋子不能刚好抵达终点，则丧失本次移动机会或交由其他棋子代行（如骑士飞行棋）。

　　如果玩家扔出的骰子点数无法刚好走到终点处，多出来的点数，棋子将按照顺时针的方向在终点区域兜圈，直到到达己方终点；在终点区域可以叠子和撞子；在己方终点处撞子后，必须至少再兜一圈才可以到达终点（比如在己方终点撞子后掷得 4 点，就能到达终点）。

## 历史起源 >

关于飞行棋发明的年代和发明人,在网络上似乎还没有相关的线索。比较一致的意见是,它发明于大约二战以后,因为它是关于飞行的(Flight Game)。但也有人认为这一点没有说服力,因为它有可能是先有了规则再被冠上了飞行棋的名字,在飞机发明前就出现这一游戏是完全可能的。再说,它可以跟飞机(Plane)没有直接关系,因为它的名字只是提到飞行(Flight)。

这个应该是国人的原创,是中国玩具公司生产的,据说是为了纪念二战时飞虎队的卓越功勋,是pachisi游戏的变种。

飞行棋这种转圈式的路程设计来自于空战中的"拉弗伯雷圆圈"。法国人拉弗伯雷对德国的"大圆圈编队"战术作了改进,使参加编队的飞机不但保持在一个水平面上飞行,而且可绕圆圈盘旋爬高。这样就可以利用防御队形进行盘旋以取得高度优势,伺机进行攻击。这就是著名的"拉弗伯雷圆圈"。当时人们发明这种棋,是用一种先进的空战战术。

## 斗兽棋 〉

斗兽棋的整个游戏画面是分为两块区域，中间有河流分割两块区域，有桥梁可以让彼此的动物过河，要取得胜利，必须占领那一边动物的巢穴获胜利。狮子和老虎可以跳跃过河流，老鼠则可以游过河流，不一定非要从桥梁过河，而且当老鼠在河中的时候，可以阻挡狮子和老虎跳过。你可以捕食在你旁边格子里比你小的动物，但唯一例外的是，老鼠可以"捕食"大象。所以你要仔细思考，运用最好的攻击方式，一举攻陷巢穴！

斗兽棋双方有8个棋子，依大小顺序为象、狮、虎、豹、犬、狼、猫、鼠。较大的可吃较小的，同类可以互吃，而鼠则可吃象，象不能吃鼠。动物走一格，前后左右都可以。

棋盘横七列，纵九行。棋子放在格

子中。双方在底线各有3个陷阱（作品字排）。如果一方进入了对方的兽穴便胜出。任何一方都不能进入自己的兽穴。如果对方的兽类走进陷阱，己方任何一只兽都可以把它吃掉，如果敌兽进入陷阱，一回合后，自己的兽类不吃掉陷阱中的敌兽，当对方进入己方兽穴时，则本方输。中间有两条小河（跟湖差不多）。狮、虎可以横直方向跳过河，而且可以直接把对岸的动物吃掉。只有鼠可以下水，在水中的鼠可以阻隔狮、虎跳河。两鼠在水内可以互吃。

部分斗兽棋的次序略有不同：象、狮、虎、豹、狼、狗、猫、鼠。亦有狗吃狼的，亦有用狐代替狼的；象、狮、虎、豹、狗、狐、猫、鼠。水里的不可直接吃陆上的，陆上的也不可吃水里的。

## 民间棋 >

民间棋是一种自发流传于民间的棋类，以小巧方便，随时随地对弈为主的棋类。

说到棋，大家可能会习惯性地联想到围棋、象棋这些比较登堂入室、常有正式赛事的棋类，再不济也是像飞行棋、跳棋、军棋这类玩者众多的、为人熟知的热门棋类，很经典也很悠久。不过，这里所说的"民间棋"可不是指这些，而是指多年来一直流传在民间的一些"土棋"（一般是小孩子们玩的较多，成年人在旅游或工作之余或退休以后也常会玩之）。

这些"民间棋类"几乎从来都没有被记载在书本上，规则也从来没有用白纸黑字写下来过。多少年来，它们一直都只是默默地在民间流传着。尽管人人都会玩，但是小孩子们也说不清楚自己究竟是什么时候、从何人那里学会的。因此，它们的传承也是民间口口相传，一代传一代，一直流传到现在。因为它只流行于民间，靠的是口口相传，所以它们究竟起源于何时、又是何人发明的也无从考证。

夏威夷跳棋

玩这类棋有一个好处，就是可以不需要花钱去买棋盘棋子等专门的棋具，它们的棋盘棋子很容易就地取材而成。旧时，农村家庭一般很少有象棋、跳棋这类需要花钱的棋具，更不要说围棋这类相对价格较为昂贵的棋具了。因此，那时候的农村孩子，大多喜欢玩这种既不需要花钱，又随时随地就可以玩起来的棋。

因为这类棋可以不需要固定的棋盘和棋子，所以玩这类棋的时候，玩家不必带棋盘、棋子。等到要玩的时候，或在大

印度棋

石头上，或在地下，随处找一小块地儿，两个对家席地而坐，画地为棋盘，再找些小石头或小瓦片当棋子，就可以兴高采烈地玩起来。

这些民间棋类究竟是什么样子的呢？

第一种叫"绕棋"。这种"棋"，棋盘是在地上画相交的四横四竖，凑成一个大的正方形。然后四个角再用弧线连起来。玩的时候，两人各据一边对垒，每人各4个棋子，各自摆在弧线与正方形相交的4个点上。规则是：被对方的子"绕"到的就要弃掉，最后直到一方全部棋子都

没了为输。

第二种叫"弹棋"。这种棋，棋盘是在地上画相交的四横四竖，凑成一个大的正方形（比"绕棋"的棋盘少4个弧线）。然后两人各据一边，每边4个点上摆4个棋子。规则是：用手指弹自己的棋子，把对方的棋子顶出框外，而自己的棋子不出框为胜。如果一次弹，没有把对方顶出去，则换另一方弹；如果第一次弹就将对方的一棋子顶出去了，则还可以继续弹。最后，谁的棋子没了，谁就输了。

第三种叫"陷阱棋"。这种"棋"比较简单，先画一个长方形，然后在里面划个交叉的对角线，接着在长方形的一侧长边，画个半圆，当作"陷阱"。玩法是，两人各据一边对垒，每人各两个棋子，有"陷阱"那一侧不准走，其他各条线，棋子可以从一个点走到另一个双方都没有棋子在上面的点（必须走直线），最后以一方把另一方逼得没子可走为胜。

第三种可以说是最小巧、简单而又大众化"民间棋"了。这类土棋其实还有不少，在我国流行很多种，最基本的可见

124

这3种了。

这类"土"棋，往往会让过来的人记起童年的时光，经常跟小伙伴们玩这些棋，因为它们都简单易玩。一般两个人突然决定玩一下什么棋，接着就在门前的禾町上一坐，用瓦片随意画个棋盘，再各自找来几个小瓦片，分边对坐，然后就黑天暗地地对攻起来。玩了一盘又一盘，不取得最好的"胜利"就绝不罢休。没有棋盘，就自己画；没有棋子，就自己找，想什么时候玩就什么时候玩，想在哪里玩就在哪里玩，这是"民间棋"的一种特征。

当然"民间棋"也不乏有博弈性、复杂度和艺术性很高的棋目，并为大众所喜爱。

尼泊尔老虎棋

### 弈棋禁忌 〉

弈棋,是一种"斗智"艺术,是锻炼智力的一种娱乐活动,纹枰对坐,从容谈兵,其乐融融,把人带入丰富多彩的世界里,享受到无穷的乐趣。对那些智力迟钝、注意力不集中的老年人,弈棋是最佳的治疗方法。需要注意的是,娱乐必须适度,才能乐在其中。

## 忌时间过长

下棋时间太久，势必减少活动量，使运动系统的功能减退。在棋逢对手、竞争激烈时，全神贯注、目不斜视，颈部肌肉和颈椎长时间固定于一个姿势，造成局部循环不良，肌肉劳损，易发生紧张性头疼和颈椎病，还会降低胃肠的蠕动，导致消化不良和便秘。心肌的收缩力以及身体的免疫功能都会减弱，更有损于健康，尤其是对老年人。即便是身体好的老人，有兴致时可下个一两盘，但每次不宜超过 1 小时，消遣消遣则已。

## 忌争执不让

有些人弈棋争强好胜，常为一兵一卒争执，甚至唇枪舌剑，互不相让，这样会使交感神经兴奋性增高，心动过速，血压骤升，心肌缺血。原有高血压或隐性冠心病的老人，便有可能突然发生意外，导致不幸。下棋应以休息为前提，娱乐为宗旨，所以，不要争，把它想成虚拟的就行了。

## 忌不择场地

好下棋的人，往往不择场地，或蹲在路旁，或席地而坐，或伸颈折背观其胜负，任凭尘土飞扬，风沙扑面，依然两眼注视棋盘，奋战"沙"场。另外，棋子经过与很多人的接触，容易被各种细菌污染而成为传播之源，日久天长，病从口入，就会贻害健康。

**图书在版编目（CIP）数据**

棋奕人生 / 杨莹编著．—长春：北方妇女儿童出
版社，2015.12
（科学奥妙无穷）
ISBN 978 - 7 - 5385 - 9631 - 1

Ⅰ．①棋… Ⅱ．①杨… Ⅲ．①棋类运动 – 青少年读物
Ⅳ．①G891 – 49

中国版本图书馆 CIP 数据核字（2015）第 272884 号

# 棋奕人生
## QIYI RENSHENG

| | | |
|---|---|---|
| 出 版 人 | 刘　刚 | |
| 主　　编 | 拾　月 | |
| 编　著 | 杨　莹 | |
| 责任编辑 | 王天明　鲁　娜 | |
| 内文制作 | 诚美天下文化传播有限公司 | |
| 开　　本 | 700mm×1000mm　1/16 | |
| 印　　张 | 8 | |
| 字　　数 | 160 千字 | |
| 印　　刷 | 汇昌印刷（天津）有限公司 | |
| 版　　次 | 2016 年 4 月第 1 版 | |
| 印　　次 | 2021 年 3 月第 3 次印刷 | |

| | |
|---|---|
| 出　　版 | 北方妇女儿童出版社 |
| 发　　行 | 北方妇女儿童出版社 |
| 地　　址 | 长春市人民大街 4646 号 |
| | 邮　编：130021 |
| 电　　话 | 总编办：0431 - 85644803 |
| | 发行科：0431 - 85640624 |

ISBN 978 - 7 - 5385 - 9631 - 1　　定　　价：29.80 元